日本と世界が進むべき未来

地球を救う正義とは何か

大川隆法 Ryuho Okawa

まえがき

政治、経済、宗教をめぐって、正しさとは何か、正義とは何かを語った二つの講演をまとめて、本書を編《あ》んでみた。

日本の政治にかかわる諸問題は、本書により、十分に表面化してくるだろう。

イギリスがＥＵから離脱する理由。アベノミクスがなぜ効《き》かないのか。マスコミ報道の無責任。年金制度がもたない理由。宗教の公的使命など。時事トピックスを例にとりながら、「考えることのできる人間」を育てることを中心に話してきた。

良質の読者の増加が、マスコミの偏向報道《へんこうほうどう》で誘導《ゆうどう》されている国民の眼をひらかせる力となることを祈っている。

二〇一六年　十月二十八日

幸福《こうふく》の科学《かがく》グループ創始者兼総裁《そうししゃけんそうさい》　大川隆法《おおかわりゅうほう》

地球を救う正義とは何か　目次

第1章　勇気ある決断

第2章　地球を救う光

二〇一六年七月六日　説法
埼玉《さいたま》県・さいたまスーパーアリーナにて

第1章

勇気ある決断

二〇一六年六月二十五日　説法《せっぽう》
北海道・苫小牧《とまこまい》市民会館にて

1 「イギリスのEU離脱《りだつ》問題」をめぐって

EUからの離脱を決めたイギリス

天気の悪いなか、足を運んでいただきまして、まことにありがとうございます。七月には「御生誕祭《ごせいたんさい》」や大きな選挙（第二十四回参議院通常選挙）もございますが、その前に北海道に来られるのは今回が最初で最後かと思っています。短い時間ではありますけれども、そのなかで、私の言いたいことを述べておかなければならないと考えています。

今回の講演は、本会場が苫小牧《とまこまい》市で、そこから北海道全体に衛星中継《ちゅうけい》されるのですが、地元の苫小牧の新聞も含《ふく》め、北海道の本日の新聞（二〇一六年六月二十五日）は、昨日《さくじつ》の「イギリスのＥＵ（欧州《おうしゅう》連合）離脱《りだつ》問題」をけっこう取り扱《あつか》っているので、「日本の場合、どこで話をしても同じだ」と考え、ほかの所でも分かるような話もしておきたいと考えています（注。二〇一六年六月二十三日、ＥＵからの離脱の是非《ぜひ》を問う国民投票がイギリスで行われ、離脱賛成が過半数を占《し》めた）。

場所柄《がら》を考えると、いきなり「イギリスのＥＵ

2016年6月25日、北海道の苫小牧市民会館で行われた講演会「勇気ある決断」。

離脱問題」に言及《げんきゅう》するのがよいのかどうか分かりかねるのですが、「付き合いだ」と思い、話の枕《まくら》として聴《き》いてくだされば幸いかと思います。

先行きが分からず、「現状維持《いじ》」に全力を挙げる政治家たち

「イギリスのEU離脱問題」については、世界中が大騒《おおさわ》ぎをしており、日本政府は特に大騒ぎをしています。

今は（参院選で）街宣などをしているときですが、政治家たちは、「円高や株安が進まないよう、とにかく現状維持《いじ》に向けて全力を挙げます」というようなことを言っています。

これは、はっきり言って、「先がどうなるか分からない」というだけのこと

です。先行きが分からないので、とりあえず、「現状に近い状態を維持します」ということを言っているわけです。

しかし、「先行きが分からない」というのは、さみしいことですし、一国のリーダーとしては恥《は》ずかしいことです。

イギリスのキャメロン首相は、「私は、ＥＵ離脱を決めたイギリスの〝船長〟としてふさわしくない」と言って、昨日《きのう》、辞任を表明していました。

やはり、政治のリーダーは〝船長〟なので、「この国をどう引っ張っていくか」ということを考えなくてはいけません。そして、「嵐《あらし》が来たら、どうするか。風が強かったら、どうするか。雨が降ったら、どうするか。晴れたら、どうするか」ということを決めなくてはいけないのです。

「天候にかかわらず現状維持」というのはおかしいのではないかと思います。

「本来、見えなければいけないものが、見えていないのではないか」という気がするのです。

私は二十数年前に「ヨーロッパ統合の失敗」を予言した

私は、もう二十数年前になりますが、一九九〇年の講演と、それを収録した一九九二年の著書で、EUによるヨーロッパ統合に関し、「失敗する」と述べています（注。一九九〇年十二月九日説法《せっぽう》「未来への聖戦《せいせん》」および『神理文明の流転《るてん》』〔一九九二年三月・幸福の科学出版刊〕参照。同講演では「EC（EU）の脱落はイギリスから始まるでしょう」とも述べている）。

はっきりと、そう書いてあるのです。なぜ、そう述べたのでしょうか。

もちろん、ヨーロッパの諸国が集まっても、言語の壁《かべ》があり、通訳するのも大変なので、政治経済的な統合は、それほどうまくはいきません。そういう当たり前のことが一つにはあります。

例えば、英語なら英語で統一するのなら、話がもう少し分かりやすいのですが、現状のままではかなり難しいのです。それは最初から分かっていることです。

もう一つには、「それぞれの国が主権を持ち、意見を持っているので、それを、経済的、政治的に統合し、どこかで決めたことを、すべての国に守らせるのは、なかなか難しい」ということが言えます。

新時代の潮流を予言した1990年第13回講演会「未来への聖戦」（大阪府・インテックス大阪にて）。

同じレベルの意識、あるいは、同じレベルの経済力や政治力を持った国々による小さいサークルであれば、成功する可能性がありますが、現在のＥＵには二十八カ国（イギリスを含《ふく》む）も集まっているため、経済的落差や人口の差、政治的な考え方の差など、落差はかなりあります。また、国内問題にも、そうとう違《ちが》いがあります。

したがって、うまくいかないのは当たり前です。うまくいっているように見せていたのが不思議なぐらいなので、私はまったく驚《おどろ》いていません。

ＥＵ加盟に反対していたサッチャー元英首相

イギリスは、「ＥＵからの離脱」という方針を取りましたが、実際に離脱するまでには二年ぐらいかかるとは思います。

保守党のマーガレット・サッチャーさんは十一年以上もイギリスの首相を務めましたが、彼女は、「国としての独立性が損《そこ》なわれる」ということで、ＥＵ参加に反対していました。

ところが、当時は、保守党のメンバーでさえ、「サッチャーさんはもう時代遅《おく》れだ。今、ＥＵというバスに乗り遅れたら、大変なことになる。ほかの国はバスに乗るのだから、何とか一緒《いっしょ》に乗ろう」と、まるで日本人のようなことを考えて（笑）、党首のサッチャーさんを退《しりぞ》け、ＥＵに加盟することになったわけです。

しかし、サッチャーさんの見通しは正しかっただろうと思います。彼女は、「国としての主権を失うことは、大英帝国《ていこく》の誇《ほこ》りを失うことと同じだ」「通貨の発行権を失うことがあっては大変だ」というようなことを言って、抵抗《ていこう》していました（注。一九九〇年にサッチャー首相の退《たい》陣《じん》後、イギリスはEUには参加したものの、通貨においてはユーロを使用せず、ポンドを使用し続けた）。

それを「時代遅れ」と見るか、「先見性がある」と見るか、それは、その時代の人にとっては非常に難しい判断であっただろうと思っています。

イギリスのマーガレット・サッチャー首相は、欧州連合への参加に強く反対したが、周囲の圧力に屈して辞任。「欧州の超大国建設という、不必要で不合理なプロジェクトに参加することは、後《のち》に最大の愚行を意味することになるだろう」と予言した。（写真：首相を辞任した1990年末ごろのサッチャー氏）

「日本に対抗《たいこう》するブロック経済」として誕生したＥＵ

一方、私のほうは、なぜＥＵについて「統合は失敗するだろう」と見ていたか、それを説明します。

一九八〇年代には、日本の経済は非常に大きくなり、経済面においてだけですが、世界的に覇権《はけん》を狙《ねら》うような強い力を持ち始めていました。

したがって、世界的な目で見て、「日本を止める」というのが、各国が考えていることでした。そのため、私は、「ＥＵ、ヨーロッパ統合は、経済的に日本に対抗《たいこう》するためのブロック経済づくりだな」と見ていました。

当時、経済力においては、イギリスとドイツ、フランスの三カ国を合わせても、日本一カ国と同じぐらいの状態でした。この三カ国がＥＵの中心ですが、この三カ国の経済を合わせても、先の大戦で敗れた日本一国と同程度なのです。日本がもっと強くなれば、ヨーロッパの国々にとって大変なことです。

そのため、ヨーロッパの国々は、「各国が集まって、統一国家のようなもの、合衆国のようなものをつくり、日本と対抗できる力をつくらなくてはいけない」と考えました。これがユーロ（ＥＵの統一通貨）などの「基《もと》にある考え」なのです。

クリントン元米大統領が取った「日本経済を抑《おさ》え込《こ》む政策」

もう一つの要因はアメリカです。

一九八〇年代の後半には、日本の土地の値段が高くなり、「東京の土地の資産価値だけで、アメリカ合衆国全土が買える」というぐらいの資産価値になっていたので、「それは、いくら何でも行きすぎだろう」と思う日本人もいました。

また、アメリカの重要なところ、コロンビア・ピクチャーズ（現・ソニー・ピクチャーズ）やタイムズ・スクエアのビルに、日本が買収をかけ始めたあたりで、アメリカのほうでも、かなり騒ぎが起きました。

その結果、どうなったかというと、今（大統領選挙で）話題のヒラリー・クリントン氏の夫である、ビル・クリントン氏が大統領であった、二十世紀最後の八年間（一九九三年一月〜二〇〇一年一月）、

1999年９月、ホワイトハウスで中国の江沢民《こうたくみん》国家主席（写真左）を迎えたクリントン米大統領（右）。

アメリカは中国に対して親和政策を取り、中国をしっかり儲《もう》けさせて経済的に大きくし、日本の経済力を抑《おさ》え込《こ》もうとしました。

つまり、日本には、実は、アメリカとEUに挟《はさ》み込まれるかたちで、「日本経済を抑え込む」という圧力がかかっていたのです。

この二十五年間の経済的停滞《ていたい》の原因には、国内的な失敗も当然あり、日銀や当時の大蔵省《おおくらしょう》（現・財務省）の政策の誤りがあるのですが、対外的に見れば、外国が日本を封《ふう》じ込めようとしていたことは事実なのです。

その結果、中国の台頭が起き、中国の経済が大きくなり、その経済力が軍事力に転化して、日本への脅威《きょうい》になってきたのです。

EUの現状は弱小国の〝駆《か》け込《こ》み寺〟

今、イギリスがEUを離《はな》れようとしていますが、EUに不満の人たちは、例えば、EUの中心であるドイツにも五十パーセントぐらいはいます。それから、フランスやイタリアその他でも、EUに反対の人は、けっこう多いのです。

そのため、イギリスが離脱を決めたことで、それに追随《ついずい》する国が出てくる可能性があり、極《きわ》めて危険になってきているわけです。

何が危険なのでしょうか。

数カ国ぐらいでの小さな連合ならよいのですが、EUの加盟国は二十八カ国もあります。そもそもEUは〝駆《か》け込《こ》み寺〟になっています。要するに〝弱者連合〟のようになっているわけです。

「とにかくEUに入りさえすれば、ほかの国と同じぐらいの経済的利益を得られて、雇用《こよう》が生まれ、政治的にも楽になる」と思い、〝駆け込んでくる国〟がたくさん増えてきたのです。

ところが、一般《いっぱん》法則どおりであり、三カ国ぐらいが強いだけで、あとは弱小連合になっているので、結局、どうなるかというと、EUのなかでバラマキが行われます。強い国、お金をたくさん持っている国から、貧しい国にお金をばら撒《ま》くだけになってくるわけです。

そうすると、どうなるでしょうか。

お金をたくさん持っている国であっても、自分の国のなかに、まだ、貧しい人や福利厚生が十分に間に合っていない人たちを大勢持っています。自分の国のなかで、それができていないのに、新規参入の国がたくさん入ってきて、そこにお金を撒かなくてはいけないとなったら、「とてもじゃないけど、やっていられない」と考える人が増えてきます。

イギリスでは、こういう人が半分を超《こ》え、「ＥＵを離脱する」という方向が出ているわけです。

だいたい、こういうことです。

この考えで行くと、「経済規模の大きいところほど危ない」と考えてよいのです。ＥＵを離れたくなるだろうと思います。

今後、ＥＵ内でドイツやフランスの負担が重くなる

今後、ドイツやフランスの負担がすごく重くなってくるだろうと考えられます。

したがって、「もともと、二十八カ国も集まって、やれるようなものではなかったのではないか」という気がします。

国連の加盟国は二百カ国近くありますが、例えば、「国連に加盟した国の労働条件や賃金、国民一人当たりのＧＤＰ（国内総生産）は同じにする。国連に参加すると、そうなる」ということであったら、どうなるでしょうか。国連から離脱する国がたくさん出てくるでしょう。

そこには無理があります。それぞれの国が蓄《たくわ》えてきた力には、やはり、上から下まで、そうとう差があるので、多少の調整をしても、すぐに同じようにはなりません。

同様に、ＥＵに入ったからといって、全部が同じにはならないのです。

ですから、ドイツなどには、今後、すごい負担がかかってきて、大変なことになるだろうと思っています。

2　日本経済の先行きを、どう見るか

「ユーロ」や「ポンド」の信用が落ち、「ドル」と「円」の信用が高まる

私が言いたいのは、このような現状分析《ぶんせき》だけではありません。「これからどうなるか」ということを、やはり言わなくてはいけないと思います。

これについては、安倍《あべ》首相も麻生《あそう》財務大臣も、外務大臣や経済関係の閣僚《かくりょう》も、おそらく、答えられないでしょう。今の時点で答えられるはずがないので、私のほうで、思うところ、感じるところをお話しします。

一時的には、もちろん、円高になり、株価が下がって株安になります。今は、アベノミクスの成果と言われた「株高」と「円安」とは逆の方向で風が吹《ふ》いていると思います。

「円安になると輸出が好調になる」と言われていますが、円が一ドル百円を割ると円高になって、逆に輸出企業《きぎょう》が厳しくなります。

「先行きは、どうか」ということですが、実は、これは大きな問題を含《ふく》んでいます。

要するに、イギリスのＥＵ離脱《りだつ》によって、ＥＵの通貨である「ユーロ」（注。イギリスは自国の通貨であるポンドを使用している）の信用が落ち、当然ながら、暴落しますし、「ポンド」も、やはり信用が落ち、暴落するので、結果的に「ドル」と「円」に対する信用が高まります（注。イギリスのＥＵ離脱決定直後にポンドは急落し、離脱決定前の一ポンド百六十円台から百三十円台、百二十円台にまで下落している）。

つまり、幸いなことに、自分たちの努力に関係なく、円の信用自体は高まるわけです。

日銀による資金供給には限界が来ている

安倍政権には理解できないことでしょうが、今、円の信用が高まることには、実は、安倍政権にとって、少し都合《つごう》のよい部分もあるのです。

なぜかというと、今のアベノミクスをそのまま続けていくと、日本は危ないところまでもう来ているのに、おそらく、ヨーロッパの人たちは、それに気がつかないはずだからです。

それは、どういうことでしょうか。

日本銀行は、今、資金を大量に市場に流すために、「国債《こくさい》の引き受け」を行《おこな》っていますが、それが、毎年、八十兆円ぐらいずつ増えている状況《じょうきょう》で、もう四百兆円近く引き受けています。

要するに、日銀は、国債を引き受ける代わりに、お金、日銀券を流出させているわけですが、このままで行くと、来年（二〇一七年）には五百兆円ぐらいに達するはずです。

五百兆円という金額については、日本全体

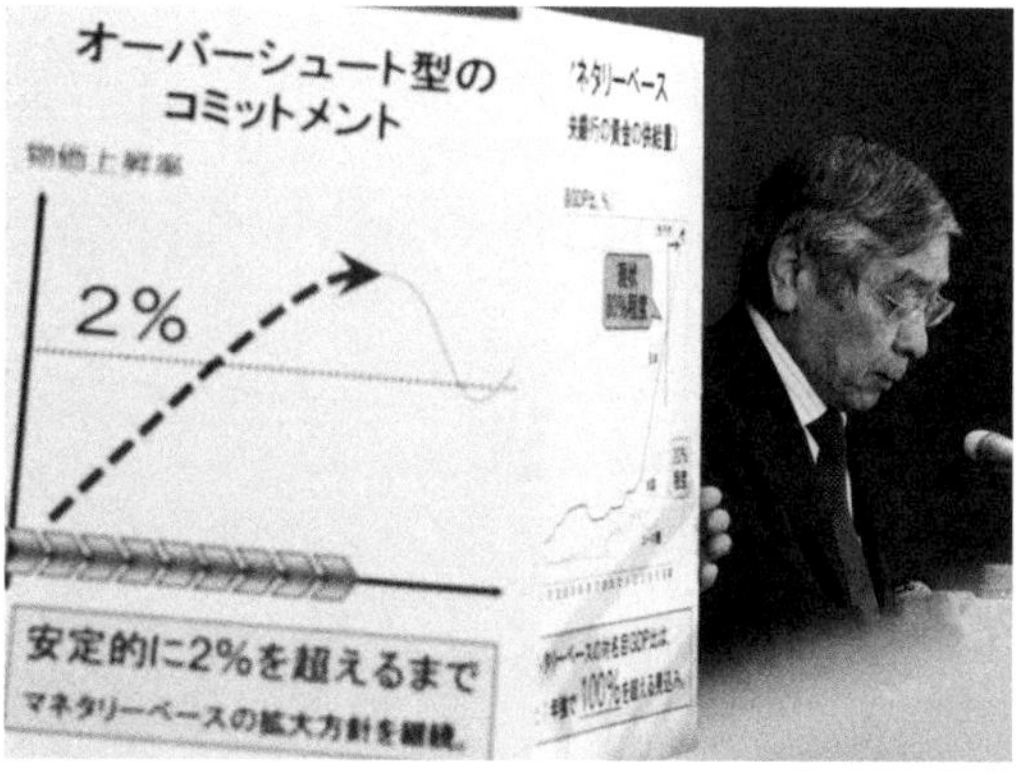

2016年９月、金融政策決定会合後に記者会見する日本銀行の黒田東彦《くろだはるひこ》総裁。消費者物価の上昇率が安定的に２パーセントを超えるまで大量に国債の引き受けを続ける「オーバーシュート型コミットメント」等の施策を発表した。

のGDP、いわば〝全売上〟と考えていただいても結構です。日本人の経済活動によって生まれている売上の合計です。それと、日銀が買い支えている日本国債の金額とが、来年、同じになるのです。

これは、どう考えても危険水準に達しています。

もし、この国の未来が明るいものにならず、日銀の引き受けた国債が〝紙くず〟になったら、日銀自体が完璧《かんぺき》に崩壊《ほうかい》するのです。

その危険水準まで来ているわけですが、イギリスのEU離脱問題もあって、外国のほうは、日本のそういう危機について十分に気がつかないでいるので、まだ、一、二年は、何らかの策を立てる余地はあります。

ただし、それは、「幸福実現党が少しは影響力《えいきょうりょく》を持てば」の話です。持てなかったら、烏合《うごう》の衆《しゅう》で右往左往《うおうさおう》してくだされば結構です。

このままでは実に危険なのです。日銀による資金供給には、もう限界が来ています。

「あとは野となれ、山となれ」状態の安倍《あべ》政権

ところが、今回の「リーマン・ショック以来の株の暴落」等を見て、各国政府は、さらに資金の供給を増やそうとしているので、日本もその方向で動くはずです。

資金を供給したら何がよいのかというと、お金の行き場所がないから株を買い、株価が上がり始めるので、一時期、景気がいいように見えるのです。

また、資金を供給すると、要するに円が余っているように見えるため、円の

価値が下がったように見えて、円安誘導《ゆうどう》ができるわけです。

すでに述べたとおり、現状のままでも、来年、日銀による「国債の引き受け」が約五百兆円のＧＤＰと同じぐらいの額になるので、もう危ない状況なのに、さらに、これを安倍《あべ》首相は追加するでしょう。おそらく、選挙対策で追加すると思われるので、「あとは野となれ、山となれ」の状態だと思います。

私は、「『経済が分からない』というのは本当によいことだな」と、つくづく思います。「悩《なや》みが少なくていいなあ。『アベノミクスを加速するか。それとも、後退するか』ということについて、何も分からないのは本当に幸福なことだなあ」と思うのです。

私のように、なまじ、国際経済や国内経済に関し、金融《きんゆう》面でよく知っていると、「これは何を意味するのか」が分かってしまい、「これは大変だ」と思うので、「分からない」というのが、よいことのようにも思えるわけです。「大将というものは、何も分からないのがいちばんよいのかもしれないなあ。死ぬときまで、矢が当たるまで、何も分からなければ、それがいちばん幸福な生き方なのではないかなあ。少し、分からないふりをしたほうがよいのかなあ」と思うことがあって、少々、〝反省〟しているところです。

政府は「増税」ではなく「税収増」を目指せ

幸福の科学は、基本的に、政治的には保守ですし、政治的発言も保守的ではあるのですが、本当のことを言い、当たり前のことを当たり前に言うと、政府を批判しているように見え、左翼《さよく》と間違《まちが》われることがあるので、非常に困ります。

共産党が「消費増税反対」と言っているのと、幸福実現党が「反対」と言っているのとでは、結果は似ていても、言っている内容が全然違います。内容的にはまったく違うのです。

幸福実現党のほうは、「消費税率を上げないほうが、結果的には、経済的に発展し、政府の税収が増えますよ」と言っています。別に、政府の税収が増えることには反対していないのです。「増税ではなくて税収増を目指しなさい」と言っているわけです。

「それは、政府の赤字を減らすことができますし、もちろん、公共投資や福《ふく》祉《し》に回すこともできるので、よいことが多いのです。ここを間違ってはいけません」と言っているのです。

今の日本経済は「輸出」より「国内での消費」が中心

昔は、「円安になったら、輸出が好調になって、国が儲《もう》かる」と考えられていて、「輸出立国」という考え方を私は子供時代に習いました。

しかし、今は、日本経済のなかで輸出が占《し》めているシェア（割合）は十パーセントぐらいしかありません。円安になっても、それほど国が豊かになるわけではは必ずしもないのです。

今、日本経済の六十パーセントは個人（民間）消費です。国内の個人消費が六十パーセントなのです。

ということは、例えば、「円高」になれば輸入品が安くなります。要するに、円の力が強くなるので、安く大量に物が買えるわけです。輸入品が安くなれば、国内での消費や流通は容易になってきて、（円安のときに比べて）企業努力をしなくてもよく、比較的《ひかく》、楽になります。

ですから、消費部門が六十パーセントもあるのだったら、「円高」は悪いことでは決してないのです。

「デフレ即不況《そくふきょう》」ではない

今は「デフレだ」と言われていますが、実は「デフレ＝《イコール》不況《ふきょう》」ではありません。「インフレ即《そく》好況」ではないのと同じく、「デフレ即不況」でもないのです。

デフレの中心にあるのは、百円ショップ等のディスカウント店などです。そういうディスカウント店がたくさん発展していると思います。

デフレとは「物の値段が下がること」なので、デフレにおいては、自動的に、ディスカウント型の商売が流行《はや》っているのと同じような感じになります。

物の値段が下がっても、それによって売上が増えれば、経済的にはオッケーなのです。安くなったから、もっと売れるようになり、もっと消費が増え、経済規模が大きくなれば、デフレでも経済発展はありえます。

したがって、「デフレ即不況」ではないのです。

消費税には「経済発展を止める力」がある

基本的に、デフレ下では、物が安くなるとよく売れるはずなのですが、デフレであっても経済発展を止める力があるのが「消費税」なのです。

消費税率を上げたら、どうなるでしょうか。各企業は企業努力をし、値段を安くして売ろうとしているわけですが、消費税をポンと載《の》せられると、その部分が帳消しになります。せっかく努力して安くしたのに、その値段を上げなくてはいけなくなったら、物が売れなくなるのです。

そのため、私たち（幸福実現党）は、「このデフレから脱却《だっきゃく》したかったら、消費増税をアベノミクスと同時にやってはならない」と繰《く》り返し言ってきました。

「『アベノミクスの三本の矢』と言っているけれども、ここを間違えたら、結果的にアベノミクスは失敗する。同時にやってはならないのだ。経済的に大きくなっていけば、目標としている税収増は、結果的に得られるだろう」と何度も言ってきたのです。

二十五年間も経済成長が止まっている日本

日本では、ここ二十五年間ほど、経済成長がピタッと止まっています。約五百兆円というＧＤＰでピタッと止まっているのです。

この間《かん》、ほかの国のＧＤＰは何倍かになっています。お隣《となり》にあって、核《かく》兵器を保有し、南沙《なんさ》諸島を取っているところは、百倍を超《こ》えているかもしれません。

そういうことが起きているのです。

日本の経済成長を止めるに当たっては、先ほど述べたとおり、ＥＵやアメリカの経済的な方針もあったわけですが、国内においては「バブル潰《つぶ》し」がありました。土地関連融資の総量規制や株価の規制など、いろいろなものに対する規制がかかり、このため、二十五年以上、現状維持《いじ》の状態がずっと続いてきたのです。

これは恐《おそ》ろしいことです。

これは自民党中心の政策の結果であったとは思いますが、それを容認し、阻《そ》止《し》できなかった旧民主党、つまり今の民進党、そして共産党など、ほかのところも含めて、この期間に、現実に政治に携《たずさ》わった政治家たちに、私は、「ある意味で、みなさんには、これについての罪はあります。その自覚がありますか」と申し上げたいのです。

その自覚は、まったくないのではないでしょうか。

三十年ほどで日本の財政赤字額は約十倍になった

小泉《こいずみ》首相の政治のころ、二〇〇〇年代前半には、この国の国債発行等での赤字額は、まだ五百兆円から六百兆円ぐらいだったのですが、今はもう一千兆円を超えています。「これは、いつの間に増えたのだ」と言いたいのです。

本当に、この背景には、すごく大きい問題が控《ひか》えていると思います。

実は、これはほとんど「選挙対策」によるものなのです。

一年か二年ごとに選挙を行い、選挙で勝つために、お金をばら撒《ま》く。こればかりを繰り返しています。

政治家が言っていることを聴《き》いてください。バラマキの話ばかりです。「欲《ほ》しい」と言ってもいないのに、撒いてくださるのです。本当に不思議でしかたがありません。

公明党も、そういうバラマキのことばかり言っています。それで票を釣《つ》れるのです。これは「買収」です。いわば「公的な買収」をやっているのですが、それが堂々とまかり通るのです。

これを個人でやったら、犯罪になって捕《つか》まるのですが、政党としてバラマキ政策を発表したら、大衆の票が買えて、選挙に勝てます。こういうことが、繰り返し繰り返し行われているのです。これが何十年か積み重なって、現在の状態になっているわけです。

「メザシの土光《どこう》さん」といわれた土光敏夫《としお》氏が、「臨調《りんちょう》（第二次臨時行政調査会）」や「行革審《ぎょうかくしん》（臨時行政改革推進審議会）」の会長を務めていたのは、鈴木《すずき》（善幸《ぜんこう》）内閣や中曽根《なかそね》内閣のころで、一九八〇年代ですが、当時、国の財政赤字は百兆円ぐらいでした。

それでも、「これは大変なことだ」ということで、財政赤字を減らそうとし、いわゆる「土光臨調」等が行財政改革に

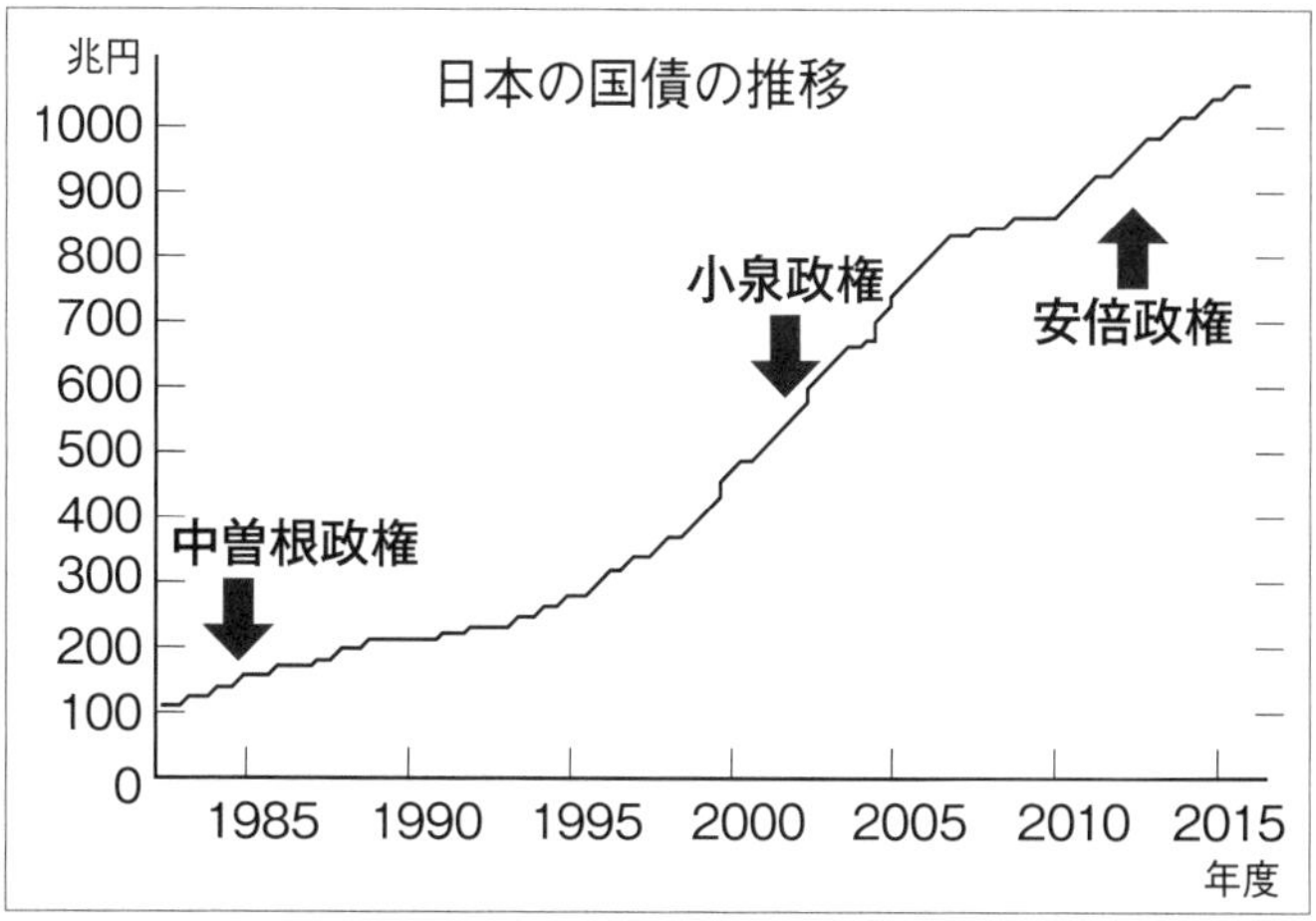

1980 年代前半の中曽根政権の時代には 100 兆円程度だった国債が、2000 年代前半の小泉政権のころに 500 兆円を超え、さらに、第 2 次安倍政権ではすでに 1000 兆円を突破している。

取り組んだのです。

ところが、それが今は一千兆円を超えているのです。これは、おかしいではありませんか。いったい何をやっているのでしょうか。どう考えてもおかしいのです。借金を減らそうとしていたのに、十倍になっています。なぜ、そうなったのでしょうか。

政治家やマスコミは、経済に関する「敗戦責任」を取れ

やはり、これについて、政治家のほうから、公的見解、はっきりとした見解を出していただきたいし、何かあったらとにかく政府を責めてバラマキを求めたマスコミのほうにも、やはり、責任はあると思います。

マスコミの現場の人には「責任がある」とは言いませんが、少なくとも、マスコミの経営者には、政府の方針に対して的確な批判を加えられなかったことについて、責任があると思います。

「日本のこの二十五年間の経済敗戦」に関する責任者は、きちんとその自覚を持って、「敗戦責任」を取るべきです。

これは、都知事（舛添要一《ますぞえよういち》前都知事）の「三十何万円かを私用に使った」という話とは全然違います。「一千兆円も赤字をつくる」という話は、天文学的な話であり、全然違う話なのです。これが炸裂《さくれつ》したら、本当に地球規模の大恐慌《だいきょうこう》が起きる可能性があるので、ここを乗り切らなければならないのです。

本当に、「これだけの経済音痴《おんち》が集まっていて、よく長いこと連続当選できるものだな」と思います。

マスコミの報道には「合成の誤謬《ごびゅう》」がある

マスコミのほうも、おそらく、経済が分からないのではないでしょうか。マスコミ関係者のほとんどは、株取引をやりませんし、どこかが儲かると、だいたい批判をし、儲からない方向に誘導していくので、マスコミの記事を読んでいると、だんだん不況になる方向に行くことが多いのです。

よくないことを、それぞれ個別に批判したりするのはよいことなのですが、経済学的に言う「合成の誤謬《ごびゅう》」というものがあって、「合計したら全体では悪くなる」ということが、やはり起きます。批判していることの一つひとつはよいのですが、それを全部のマスコミが行い、合計したら、結局、「悪い方向に国を導いていく」ということが起きうるのです。

このあたりについて、もっともっとよく知らなければならないのではないかと私は思います。

3　マスコミの選挙報道は公平か

既成《きせい》政党に有利で不公平な「選挙期間中の報道」

特に、選挙期間に入ると、例えば、「立候補している人はテレビや新聞に出られない」など、いろいろな報道規制がかかります。

しかし、例外があります。例えば、補助金（政党助成金）をもらっている政党です。補助金をもらっている、公党といわれる政党の党首等は、党首討論に出ています。

　また、現職の大臣は、当然、テレビに出てもよいことになっています。それから、選挙期間中でも、彼らの意見は新聞の一面に堂々と載《の》っています。

　それ以外のところ、例えば、民間から立ち上がってきた政党の場合には、街宣で何かを言っても、それはテレビ等で流れませんが、安倍《あべ》首相がわざわざ熊本《くまもと》などに行って街宣をすると、それはきちんと流れるようになっています。これは不公平そのものです。

　現に強い権力を持っており、税金を使って政治活動や選挙活動ができ、さらに、税金で秘書を雇《やと》えている政党が、それにプラスして、十パーセントは視聴《しちょう》率《りつ》を持っていると思われるキー局のテレビ番組に出て、ゴールデンアワーに党首対談などをやれているのです。

　これは、無料で広告ができているのと同じことです。それから、新聞の一面にも堂々と意見が出せるわけです。

内容が悪く、実に面白《おもしろ》くない「テレビでの党首討論」

テレビでは、小さな政党も出て党首討論をやったりしているので、私もたまに観《み》るのですが、「視聴率が下がらないか」と心配になるぐらい、内容が悪く、実に面白《おもしろ》くないのです。

そのため、「マスコミの方々にとっては、『補助金が出ている政党かどうか』ということが、それほど大事なことなのですか」と言いたくなります。

それよりも、「もっと内容的に聴《き》くに値《あたい》する意見を言っている」と思うところを出して、ぶつけてみたら、面白いでしょう。私は、「安倍晋三《しんぞう》 対 釈量子《しゃくりょうこ》

（幸福実現党党首）」の対決を見てみたいのです（会場拍手《はくしゅ》）。絶対に面白いと思います。

党首討論では、いろいろと分裂《ぶんれつ》してできた、党名も覚えられないような政党、国会議員が一人か二人ぐらいの政党の党首までもが出てきて、面白くない話をしていますが、なぜこんなことをするのか、全然分かりません。その感覚が分からないのです。

これで本当に公平に国民の「知る権利」に奉仕《ほうし》していると言えるのでしょうか。私は極《きわ》めて遺憾《いかん》な気持ちを持っています。

投票前の報道が生む「アナウンスメント効果」の弊害《へいがい》

また、報道には、「アナウンスメント効果」というものがあると言われています。特に選挙の前に「アナウンスメント効果」があって、「報道をどのようにするか」ということが選挙民の心理を引っ張ります。

イギリスの今回の問題、「ＥＵから離脱《りだつ》するか、それとも残留するか」ということについても、結果は僅差《きんさ》でしたから、マスコミの報道によって、どうにかなる可能性はあったと思います。

この「アナウンスメント効果」の一つとして、「バンドワゴン効果」、つまり「勝ち馬効果」というものがあります。

今、選挙戦はまだ序盤《じょばん》ですが（説法《せっぽう》当時）、新聞には情勢の報道が早くも出始めていて、「北海道ではA候補が有力」と書いてあります。そして、「それを追っているのがB候補で、C候補とD候補とE候補は非常に苦しく、厳しい状《じょう》況《きょう》である」などと書いてあるのです。また、状況を何も書いてもらえない候補もいます。

そういうことを、選挙戦が始まった最初の何日目かぐらいで、もう書いてあります。これは「バンドワゴン効果」「勝ち馬効果」を狙《ねら》っているのかもしれません。「この人が当選しそうなのだな」と思うと、「そちらに入れろ」と言われているように聞こえる人が多いわけです。

週刊誌もそういうことをよくやっていて、「勝ちそうかどうか」ということについて、「◎」「○」「△」「×」などを付け、予想しています。そうなると、自分が〝賭《か》けた〟人が負けると損なので、〝勝ち馬〟に入れたくなります。

一方、「厳しい」「苦しんでいる」「支持が広がらない」などと書かれた候補者については、「この人は落ちるのだな」と思い、落ちる人に投票してもしかたがないので、勝つほうに投票するか、「投票所に行かない」という判断をするわけです（注。なお、「アナウンスメント効果」の一つとして、「アンダードッグ効果」「負け犬効果」というものもあり、「劣勢《れっせい》」と報じられた側に同情票が集まる場合もある）。

もちろん、個々の人には、「どうなるか、早めに知りたい」という気持ちがあることは分かります。

しかし、日本国憲法は、各人が自由な判断によって投票できる権利を保障していますし、「誰《だれ》が誰に投票したか」ということは、分からなくてもよいというか、分かるべきではないことであり、「秘密投票」も保障され、公正が保たれているわけです。

ところが、事前に千人ぐらいに訊《き》いて、「誰が勝つ」というようなことを報道すると、極めて歪《ゆが》んだ未来をつくる可能性が高いのです。

それを書いてもよいのですが、書くのなら、各候補者の政策の中身についても書くべきです。それぞれの人が言っていることと、それに対する批判のようなものをピシッと書いてくれれば、公平だと思うのですが、「誰が当選するか、しないか」というようなことばかり報道されても、全然面白くないというか、「国民をバカにしているのではないか」と思うところもあります。

国民にも、このあたりをよく見破っていただきたいと思うのです。

4　選挙の争点から除外されている「国防」

「争点隠《がく》し」をして選挙戦を行《おこな》っている政権与党《よとう》

幸福実現党は、さまざまな提言をしています。一般《いっぱん》的には選挙の前になったら政治家たちが避《さ》け始める話題にも、どんどん斬《き》り込《こ》んでいっています。

「国民が知るべきことについて、正直に情報を提供しているところがマイナスに判断され、嘘《うそ》をうまく言ったところがプラスに判断される」というような政治が長く続くことは、決して決して、よいことではないと思います。

「争点隠《がく》し」ということもよく言われています。

「憲法改正をするのか、しないのか」ということについて、（選挙戦で）野党連合のほうが「憲法改正阻止《そし》」を掲《かか》げても、与党《よとう》のほうは、できるだけ憲法改正に触《ふ》れないようにして逃《に》げています。これは、「参議院で三分の二を取ったら、それから憲法改正を検討する」という感じで争点を外していくやり方です。これをうまくやったところが勝つようなシステムが出来上がっています。

しかし、正直ではないところに対しては、「正直ではない」と、はっきり言うべきだと思いますし、「これについては、どうですか」と、はっきりと問い詰《つ》めていかなければならないのではないでしょうか。

与党《よとう》も野党も選挙で言及《げんきゅう》しない「北朝鮮《きたちょうせん》や中国の脅威《きょうい》」

今回の参院選では、公示日（二〇一六年六月二十二日）のあと、北朝鮮《きたちょうせん》は中《ちゅう》距離《きょり》弾道《だんどう》ミサイル「ムスダン」と見られるものを発射しました。

「国防」という面から見たら、あれは大きな問題です。各政党、特に、政権を担《にな》う可能性があるところは、政治の選択肢《せんたくし》として、大きな考え方を何か提示しなければいけないと思います。

北朝鮮の技術を〝なめて〟いたのでしょうが、今回のミサイルは、少なくとも、一千キロもの上空まで上がり、四百キロ先に落ちています。

二、三十キロしか飛ばないPAC《パック》‐3《スリー》（地対空誘導《ゆうどう》ミサイル）がこれを墜《お》とせるわけがないのは、誰《だれ》が考えても当たり前です。一千キロ上空まで上がったものが落ちてくるのを、墜とせるわけがありません。（ＰＡＣ－３が配備された）市ケ谷《いちがや》でも狙《ねら》って撃《う》ってくれないかぎり、当たるはずがないのです。

こんなものでは全然間に合わないのに、これほど重要なことについて、まったく議論されません。

一方の民進党は、野党連合をつくろうとして、「憲法改正阻止」と言っていますし、憲法学者の九割以上も、連合して「憲法改正阻止」と言っています。

それを言うのは構いませんが、「では、ムスダンを発射している国、あるいは、南沙《なんさ》諸島や西沙諸島に飛行場をつくり、近隣《きんりん》の国に脅威《きょうい》を与《あた》えている国に対して、いったいどうするのですか」と言いたいのです。

2016年に行われた北朝鮮による挑発（■は弾道ミサイル発射）

日付	挑発の概要	場所	飛翔距離
1/6	４回目の核実験を実施	豊渓里	―
2/7	「人工衛星」と称する弾道ミサイルを発射	東倉里	約 2,500km
3/3	短距離発射体６発を発射	東岸・元山付近	約 100 ～ 150km
3/10	弾道ミサイル２発を発射	西岸・南浦付近	約 500km
3/18	弾道ミサイル１発を発射	西岸・粛川付近	約 800km
3/21	短距離発射体５発を発射	東部・咸興南方	約 200km（韓国合同参謀本部）
3/29	短距離発射体１発を発射	元山付近	約 200km（韓国合同参謀本部）
4/1	短距離地対空ミサイル３発（内２発は失敗）を発射	宣徳付近	約 100km（韓国報道）
4/15	弾道ミサイル１発を発射	東岸地域	不明
4/23	潜水艦発射弾道ミサイル（ＳＬＢＭ）１発を発射	新浦沖	約 30km（韓国合同参謀本部）
4/28	「ムスダン」と推定される弾道ミサイル２発を発射	元山	不明
5/31	中距離弾道ミサイル（ＩＲＢＭ）１発を発射	元山	不明
6/22	「ムスダン」と推定される弾道ミサイル２発を発射	元山	１発目：最大約 100km ２発目：約 400km
7/9	潜水艦発射弾道ミサイル（ＳＬＢＭ）１発を発射	新浦沖	数 km（韓国報道）
7/19	弾道ミサイル３発を発射	西岸・黄州付近	１発目：約 400km ３発目：約 500km
8/3	「ノドン」と推定される弾道ミサイル２発を発射	西岸・殷栗付近	約 1,000km（１発は発射直後に爆発）
8/24	潜水艦発射弾道ミサイル（ＳＬＢＭ）１発を発射	新浦付近	約 500km
9/5	弾道ミサイル３発を発射	西岸・黄州付近	約 1,000km
9/9	５回目の核実験を実施	豊渓里	―
10/15	「ムスダン」と推定される弾道ミサイル１発を発射	亀城付近	失敗（アメリカ戦略軍）
10/20	「ムスダン」と推定される弾道ミサイル１発を発射	亀城付近	失敗（アメリカ戦略軍）

※防衛省「2016年の北朝鮮によるミサイル発射について」（9/8時点）を基に、9、10月以降を追加。

共産党の考え方では、警察が外国の軍隊と戦うしかない

日本共産党は、「まだ攻《せ》めてきていないから、何もする必要がない」と言っていますが、「攻めてきてから考えるのですか。そうですか。共産党は本当に〝平和〟な政党だなあ」と思います。

共産党は「自衛隊は違憲《いけん》だ」と言っているので、外国の軍隊が攻めてきたら何が戦うかというと、警察が戦うしかありません。自衛隊が違憲なら、使ってはいけないでしょうから、警察が外国の軍隊と戦うしかないのです。

あとは、市民のみなさんが立ち上がり、石を一個ずつ持って投げるしかありません。このようなことを、「インティファーダ（民衆蜂起《ほうき》）」といいます。イ

スラエルのガザ地区辺りで民衆が石を投げ合ったりしていますが、あれがそうです。

みなさんは石を投げるだけです。なぜかというと、一般には、銃器《じゅうき》を持ったら銃刀法違反になるからです。刃物《はもの》や銃を持てないので、石を投げるか、竹槍《たけやり》で戦うか、それくらいしかありません。

「石か竹槍で戦い、あとは警察や消防が出動して頑張《がんば》るしかない」という状態です。

ところが、「国政をやっていて、本当にそれでよいのですか。どこの国でもやっている当たり前のことについては、当たり前にやらなければ、おかしいですよ」と言うと、それが、人間的な心情からまったく離《はな》れているように見られてしまいます。

そして、「これは、平和に対するものすごい攻撃《こうげき》であり、もうすでにナチズムだ」というような言い方をされるのです。

しかし、この考え方のほうがおかしいと私は思います。

共産党は必ず武力を使って「一元支配《いちげん》」を行う

特に共産党について追加して言わせていただくならば、世界の共産党のなかで平和なところなどありはしません。なぜかといえば、共産党は必ず「武力闘争《とうそう》」を唱《とな》え、武力を使って、共産党による「一元支配《いちげん》」を行うからです。

共産党は、反対意見や多様な意見を踏《ふ》み潰《つぶ》していき、粛清《しゅくせい》し、弾圧します。

これは、どこの国の共産党もやっていることであり、「日本だけはそうならない」ということはありえません。今は、勢力が小さいので、平和な政党のようなふりをしているだけです。

日蓮宗系《にちれんしゅう》のお寺のなかで、大石寺《たいせきじ》等のお寺は、公明党の母体である創価学会《そうかがっかい》と対立しているため、共産党のポスターをたくさん貼《は》ったりしていますが、それを見て、私は、「大丈夫《だいじょうぶ》かなあ。心配だな。（共産党のことを）分かっているのかなあ」と思い、不安になることもあります。

また、創価学会に対抗《たいこう》している新宗連《しんしゅうれん》（新日本宗教団体連合会）も、「創価学会の反対側に回らなくてはいけない」というので、公明党の反対側である野党のほうについていています。

しかし、彼らの言っている「平和」は、ほとんど、かなり〝安っぽい平和〟です。「実際に国民の命を護《まも》ること」こそが平和ではないのでしょうか。

日本国憲法の前文には、「平和を愛する諸国民の公正と信義に信頼《しんらい》して」と書いてありますが、そうは言っても、「平和を愛していない諸国民」も近くにいることはいるので、それをどうするのか、やはり言わなくてはいけないと思うのです。

もちろん、話し合いで解決がつくのであれば、そうしてもよいのですが、国連やいろいろな国から何度も警告されても、言うことをきかないところはきかないので、そういうところに対しては、やはり、ある程度、国としての正当防衛ができる範囲《はんい》内で自衛をすべきだと思います。

5 「少子高齢《こうれい》化時代」に対応するために

「保育所不足」を生じさせている許認可行政

ですから、「小さな政府を目指す」という基本的な考え方からいっても、警察や軍隊、消防、こういうものについては、やはりなくせません。これは基本的には、最後まで残る部分です。

その上で、「民間でやれることについては民間に任せる」というのが、「小さな政府」の基本的な方針なのです。

「許認可行政がずっと権限を張っていて、それが、根本的《こんぽん》にこの国の経済発展を止めている」と考えられます。

今、東京では、「保育所が足りない」と言って、ワアワア騒《さわ》いでいるのですが、「（幸福の科学は）宗教だから、何かつくれないかな」と思って調べてみたら、次のようなことが分かりました。

認可保育所には、もちろん、政府系の厳重なチェックが入るのですが、認可されていない保育所にまで条件が付き、調べが入って、いろいろと言われます。例えば、「内階段と外階段が要《い》る」とか、「避難《ひなん》用の滑《すべ》り台が必要だ」とか、そういうことがあるのですが、「もう、いいかげんにしなさい」と言いたいぐらいです。東京で、どこにでも滑り台をつくってはいられないでしょう。

親としては、とりあえず子供を預かってもらえればよいのでしょう。したがって、安全で信用があるところであれば、預けられるのです。

民間企業《きぎょう》だからといって、バカにしてはいけません。市場で競争がある以上、安全性や内容に問題があったら、そこは潰《つぶ》れ、淘汰《とうた》されていきます。許認可をしなくても潰れるものは潰れるので、悪いものは潰れ、よいものは発展するのです。

民間でやっても全然困らないものがたくさんあるので、そのへんのところでは、行政側は、持っている権限を手放さなくてはいけないと思います。「認めてやる代わりに補助金を出す」というようなことばかりやっているから、いつまでたっても実際のニーズに応《こた》えられないでいるのです。「補助金を出すに当たっては厳格な審査《しんさ》が要る。時間がかかる。だから間に合わない。結局、女性は職場に復帰できないで、自分のところで子育てをやるしかない」

こうなってしまうのです。結果はマイナスになっています。こんなことが、あちこちで起きているのです。

したがって、民間の力を最大限に活《い》かすようなやり方にしたいと思います。

「年金制度はもたない」と思って老後の設計を

それから、今の日本では、老齢《ろうれい》人口が増えています。

そのなかに私も入れられているかどうかは知りませんが、しかし、私はまだ現役《げんえき》です。まだ年金をもらう気は全然ありません。まだ働くつもりです。

今後、「シルバー民主主義」といって、高齢者たちが選挙民として増えてきます。

高齢者の場合、投票率が高く、だいたい六十数パーセントの人が投票します。

一方、若者は三十数パーセントしか投票しません。二倍ぐらい違《ちが》うわけです。

そうすると、政治家としては「年を取った方の票を集めたい」という気持ちになるのです。それは分かります。

ただ、そのためにどうするかというと、「バラ色の老後を送れる。そういう年金がもらえる」というようなことを言って回るわけです。それは嘘なのですが、とりあえず自分の任期を全《まっと》うできればよいわけなので、そういうことを約束して回るのです。

ところがどっこい、先行きはどうかというと、年金は絶対にもらえなくなっていきます。

今、日本人の平均寿命《じゅみょう》は、男性が八十歳《さい》ぐらい、女性が八十六、七歳ぐらいであり、平均したら八十三歳ぐらいなのですが、「二十一世紀中には、だいたい百歳近くまで寿命が延びる」と言われているので、年金制度は絶対にもちません。

したがって、「年金はもう、もらえないものだ」と思って、老後の設計にかからないといけないのです。

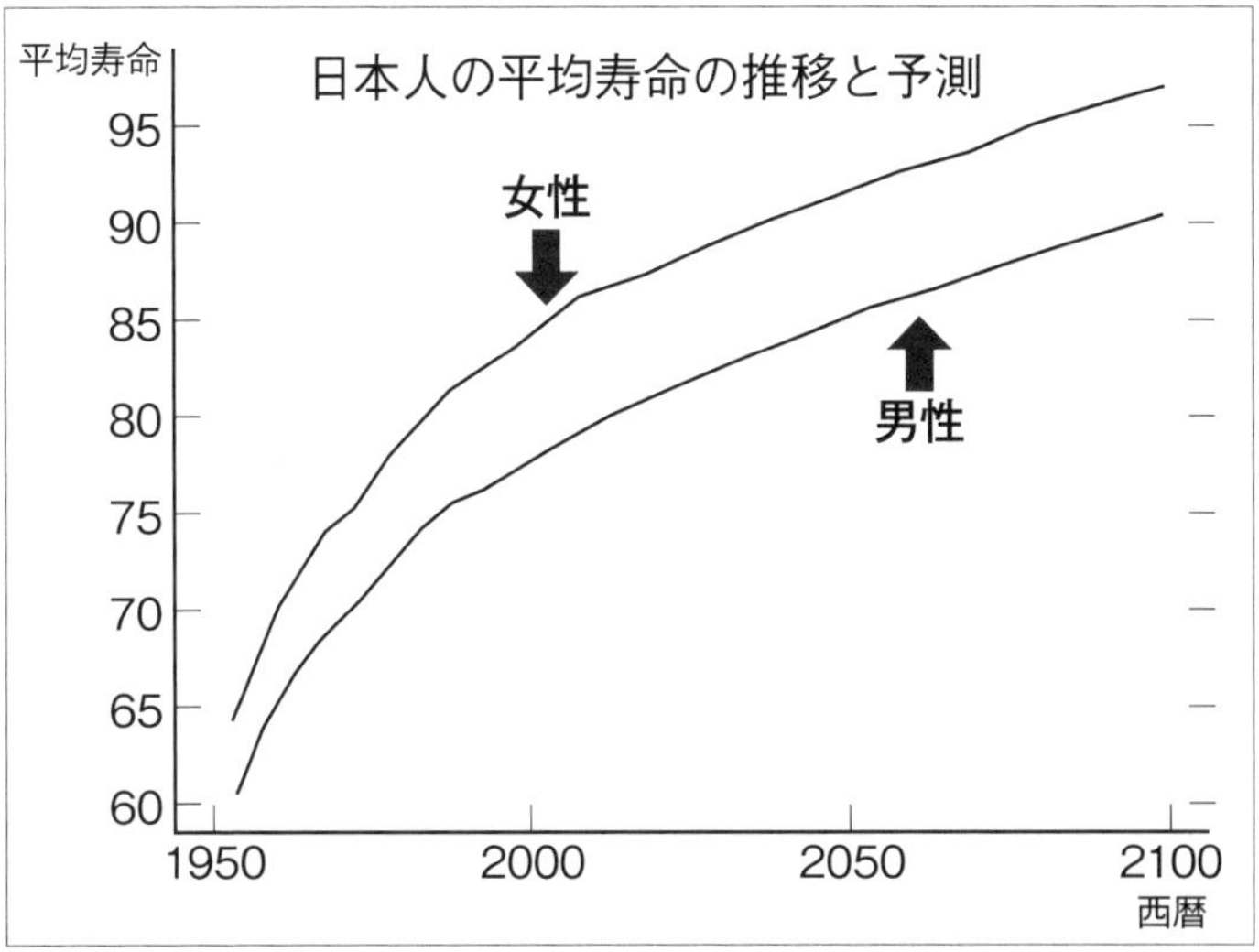

世界最長寿国の日本は、22世紀ごろには平均寿命が100歳を突破すると予測されている（国連経済社会局「世界人口推計2015年改訂版」より）。

「年を取ってもできる仕事」をつくり出していく

「年金は、もらえないものだ」と思って、老後の設計をつくるとしたら、どうすればよいのでしょうか。

一つには、やはり、「年を取ってもできる仕事」をつくり出していくことです。「年を取ってもできる仕事」とは何かと言うと、結局、「難しい機械をそれほど使わなくてもできる仕事」です。

コンピュータ化をどんどん進められたら、若い人にはよいかもしれませんが、これには〝年寄り追い出し効果〟があるので、「コンピュータを使わなくてもよい仕事」を、努力して、もう少しつくらなくてはいけません。コンピュータ会社の宣伝ばかりを載《の》せられては相《あい》成《な》らんわけです。

当会でも、以前、支部長を辞《や》めた人のなかには、「コンピュータのことが分からないから辞めた」という人が何人もいるのですが、コンピュータを使うのは必ずしも支部長の仕事ではありません。

コンピュータ要員はいたほうがよいのですが、人に説教をしたり、人を説得したり、伝道したり、人を救ったりする力がもう少し支部長にあれば、それで十分に役に立っているので、要は、仕事に関して「場合分け」をすればよいわけです。

会社においてもそうです。「コンピュータなどの機械類を使えないかぎり、採用しません」というようなことだと、再就職の機会が非常に失われるので、この点を考えなくてはいけないのです。

「高齢《こうれい》での病気や孤独死《こどくし》」から身を護《まも》るには

それから、高齢者《こうれいしゃ》の医療《いりょう》の問題に関しては、なるべく早めに、健康づくりのための運動や食生活の摂生《せっせい》を心掛《こころが》け、自衛できるものは自衛していくことが大事です。十年前から準備していれば、病気は減らすことができるので、できるだけ自衛していくべきです。

ただし、高齢への不安と、若い人の「これから重税感が来る」という不安は、一定程度はあってもよいと思います。なぜかというと、それによって、当然、「家族問題を見直してみようか」という考えが出てくるからです。

ときどき、「孤独死《こどくし》した老人」のことが報道されますが、そういうものはきちんと報道されたらよいのです。

そうしたら、「家族をもう少ししっかり護《まも》ろうかな」という気持ちも起きてきます。親にとっては、「子育てをして、いい子供をつくろう」という気持ちも起きてきますし、子供に「親孝行をしたい」という気持ちが起こるようなものが何か欲《ほ》しくなってくるのです。

それは非常に健全な社会なのです。

最終的には、やはり、身内などに頼《たよ》らなくてはいけないのです。「身内を捨てろ」というようなことを教える宗教学者もいますが、それは人間として〝最後の部分〟です。そういうこともあろうかとは思いますが、老後に不安があったりしたら、やはり、「きちんと家庭生活をつくり、子供を増やしていこう」と考える人が増えてきます。これは当然の流れなのです。

それは、おそらく、よい方向に来ると思います。

6　宗教の持つ「公的使命」とは

戦後の民法は、日本の家《いえ》制度を破壊《はかい》した〝左翼《さよく》民法〟

そして、「核《かく》としてあるべきもの」が宗教です。

「宗教にある伝統的価値観、これがあってこそ、そういうものがきちんと立ち上がるものだ」と私は思っています。

戦後、改革して悪くなったものは憲法だけではありません。民法もそうです。今の民法は、日本の家《いえ》制度を完璧《かんぺき》に破壊《はかい》した〝左翼《さよく》民法〟なのです。これについて、「間違《まちが》っているところ」を考え直してみる必要があると思います。

「相続税をきつくしすぎたり、核家族やシングルの所帯ばかりを増やすような政策をたくさんつくったりするのは、よろしくない」と私は思っています。

「もう少し家族で助け合う世界をつくれる」と思うのです。

また、高齢《こうれい》の人たちが孤独《こどく》にならないようにするためには、お金を使う法制度のことばかりを考えるのではなく、宗教組織というものをしっかりと広めていかなくてはなりません。

宗教の持っている「公的な使命」、「公益性」の部分は何かと言うと、社会の人々を結び付ける「絆《きずな》の力」になるところです。これが宗教の大きな使命なので、政治の足りざるところを宗教が補っていくのは、とても大事なことなのではないかと思います。

唯物論《ゆいぶつろん》国家には「世界のリーダーになる資格」はない

ところが、宗教は今、どんどん衰退《すいたい》しています。伝統的宗教も新宗教も、いろいろなところで衰退してきています。

そして、コンピュータ会社系の人が、それに取って代わったり、唯物論《ゆいぶつろん》的に考え、「死んだら終わりだから、あとはゴミのようなものだ」というような考えに取って代わっていこうとしたりしています。

しかし、私は、「この考えだったら、結局、唯物論者の孤独な人ばかりがたくさん増えます。これはよくありません」と言いたいのです。

また、「そういう国が世界のリーダーになる資格はないと思います。世界の人々がついていくためには、きちんとした宗教的な思想を持っていないといけません。世界では宗教的思想がまだ支配しています。この日本だけがそんなことでよいのでしょうか」とも言いたいと思います。

そういう精神性がないので、日本はあまり尊敬を受けていないのです。

「伊勢志摩《いせしま》サミット」をやってもよいのですが、「そこに神がおわします」ということを言えるようでなければ、「神国日本」としては恥《は》ずかしいことだと思います。

「木の建物です。あとは、木の鳥居《とりい》です。参道《さんどう》には砂利《じゃり》があります。そこを通過しただけです」

2016年5月26日、三重《みえ》県伊勢志摩で行われたG7サミットの初日、各国首脳は伊勢神宮《いせじんぐう》を訪問した。

これに何の尊さがありますか？　外国の人は、「これは原始人の信仰《しんこう》ですね」と思って帰るだけです。

これでは駄目《だめ》です。ビシッと内容を言わなくてはいけないのです。

幸福の科学は「世界をリードできる未来型宗教」

そのあたりの精神性を、今、立ち上げなくてはいけません。

アメリカ的な考え方、そうした実用主義のなかにも唯物論がそうとう入っているので、これに対抗《たいこう》するべきなのです。

そのためには、東洋的なもののなかにもともとあった信仰生活、宗教生活の大事さを掲《かか》げながら、この世をよりよく利便化していくものと調和していくことが大事です。

科学的な発展と調和していくものが、未来を必ず拓《ひら》く考え方になると思います。今、この考え方を明確に打ち出しているのは、日本の宗教では幸福の科学だけです。これは、「世界をリードできる未来型宗教」のあり方なのです。

そして、そのかたちを、宗教として精神的に言うだけではなく、現実の世界において政治活動を行い、それを実現しようとしているのが幸福実現党です。

名前をよく知っている自民党や民進党などに票を入れたい気持ちはよく分かりますが、「そんなところに入れても全然何も変わらないのだ」ということをよく知り、勇気を持って、「清水《きよみず》の舞台《ぶたい》から飛び降りる」ぐらいのつもりで幸福実現党を勧《すす》めてください（会場拍手）。

いきなり、たくさんの票は取れないかもしれませんが、少なくとも、「自民党は、ブレーキばかり踏《ふ》んでいる公明党と連立しているよりは、幸福実現党と連立したほうが、将来、はっきり方向が見えますよ」と、この程度は言い抜《ぬ》けるだけの力が欲《ほ》しいのです。

「政策ではナンバーワン」と言われる幸福実現党

私は、もう、政治関係の著書を百冊以上出しています。したがって、別に、政治学者より劣《おと》るわけではありません。

いろいろな人が言わなくてはいけないことを、もう、とっくに、私のほうが言っているので、当会のなかで勉強している人にとっては、政治関係のソフトは、すでに全部揃《そろ》っているのです。

自民党の政治家や、その参謀《さんぼう》をやっている人たちは、「政策は幸福実現党がいちばんいいですね。幸福実現党の政策がナンバーワンです。間違いなく断トツです」などと、ぬけぬけと言っています。

そして、「ただ、お気の毒ですが、われわれがそれを〝パクる〟だけです。内容を頂くだけです。政策を〝パクって〟も、著作権侵害《しんがい》のようには言われず、何も追及《ついきゅう》されることなくやれるので、自分たちの政策のようにやります」というようなことで、堂々とやっているのです。

しかし、みなさん、正直でありましょう。

正しい者が発展・繁栄《はんえい》するように持っていきましょう。

いつも、正しい結論を出し、正しい方向に人々を導き、そして、日本がリーダーとなって世界を導いていける方向を指し示している、幸福実現党および幸福の科学に、どうか、翼《つばさ》を与《あた》え、空を飛ばせてください。お願いします（会場拍手）。

北海道での私の説法《せっぽう》は、（今回の参院選前には）これで最後になりますけれども、どうか、一歩も二歩も三歩も四歩も前進してください。

みなさんは、いろいろな考えの下《もと》で、いろいろなところに一票を入れられるでしょうが、心の世界では、「何を選択《せんたく》したか」ということが魂《たましい》の記憶《きおく》にきっちりと残るのです。そのことだけは忘れないでいただきたいのです。「無駄になるものなどない」ということを申し上げておきます。

正しい道をまっすぐに歩く。

それが、みなさんの使命だと確信しています。

第2章

地球を救う光

二〇一六年七月六日　説法《せっぽう》

埼玉《さいたま》県・さいたまスーパーアリーナにて

1　幸福の科学立宗《りっしゅう》三十周年の節目を迎《むか》えて

本日（二〇一六年御生誕祭《ごせいたんさい》）は、幸福の科学立宗《りっしゅう》三十周年、私の説法《せっぽう》二千五百回という節目を迎《むか》え、よい日になったと考えています。

これまでの数多い説法のなかで、さまざまなテーマについて述べてきたので、すべてをつかんでいる人はそれほど多くはないかもしれません。

私の説く内容は、日本の人々のみならず、全世界の人々にも「来世《らいせ》への糧《かて》」として学んでほしい内容です。ですから、今の時点ですべてが理解できなくてもよいでしょう。

2016年7月6日、さいたまスーパーアリーナで行われた御生誕祭「地球を救う光」。全世界約3500カ所に衛星中継された。

ただ、私が、基本的にどういう方向に向け、世界を進めていこうとしているのかということについては、理解してほしいと考えています。

2　世界各地の対立を乗り越《こ》えるには

今、世界を揺《ゆ》るがしているイスラム系のテロ事件をどう見るか

今、テレビや新聞等では、イスラム系のテロ事件が世界を揺《ゆ》るがしている様子が見られます。

残念なことです。正直に言って、悲しいことです。どうにかしたいと思っています。そういうことは、事件の起きた国において、また、彼らを非難する国々においても、もちろん、犯罪ではありますが、それを行《おこな》っている人々が信《しん》

仰《こう》を持っている人々であるからです。私は、それに対して痛切な責任を感じています。

「テロ」と一言《ひとこと》で言っても、それほど簡単なことではありません。

例えば、ニュースで観《み》るかぎりでは、日本から離《はな》れた外国の一部の過激な若者が、異教徒や外国人を無差別に、大量に殺したように見えます。それのみを見れば善悪は明らかで、彼らの行為《こうい》を肯定《こうてい》することは困難です。

しかし、私たちが知らなければいけない「別の視点」もあります。

そうしたテロ行為を起こした原因とされる「イスラム国」について、私たちは、西側のメディアによって報道された内容に基《もと》づき、善悪を判断していますが、一方では、「今、そのような新しい国をつくろうとしている人々がその事件をどう見ているのか」ということについての報道がなされていません。

しかし、本当の「正しさ」を知るためには、彼らの意見も聞かなければいけないと思います。

信仰者《しんこうしゃ》であるならば慎《つつし》み深くあれ

また、忘れてはならない視点がもう一つあります。

それは、彼らがアッラーの名の下《もと》に多くの外国人や異教徒を殺したことについて、「アッラーの神はどのように考えているのか」ということです。これについても確かめなければ、「世界的正義とは何か」は分からないはずです。

「イスラム国」のなかにいる人々の気持ちは、多少は分かります。

彼らは、日々、空爆《くうばく》を受けているなかで、イスラム教の二大宗派《しゅうは》の一つであるスンニ派の国をつくろうとしているのです。

しかし、彼らは、今、劣勢《れっせい》になっているため、世界の人々に向かって、自分たちが瀬戸際《せとぎわ》に立っていて厳しい立場にあることを示そうとして、世界各地でテロを起こしているのでしょう。その気持ちを、私も読み取れないわけではありません。

しかし、彼らのしていることが、他の国の人々や他の宗教を信じている人々、あるいは宗教から距離《きょり》を取っている人々から、

2015年12月17日、アメリカ・ニューヨークで開かれた国連安保理の財務相会合では、過激派組織「イスラム国」（ＩＳ）への制裁強化決議を採択した。

どのように見えているかということについては、はっきり言って、よくは分かっていないと思います。

「一神教」という言葉が先走り、肝心《かんじん》の「アッラーの心」がどこにあるかが分からないというのは、残念なことです。

イスラム教では、アッラーは「慈悲《じひ》あまねき神」といわれています。「慈悲の神」なのです。それは、かつてネパールに生まれ、インドで活躍《かつやく》した仏陀《ぶっだ》が説いた「慈悲」と同じものなのです（注。以前の霊査《れいさ》で、仏教を開いた仏陀・釈尊《しゃくそん》は地球神エル・カンターレの魂《たましい》の分身であり、イスラム教の神・アッラーは、「エローヒム〔エル・カンターレ本体意識が約一億五千万年前に中東に下生《げしょう》したときの名前〕がアラビアに現れたときの名前」であることが判明している）。

仏陀の時代には仏の下《もと》に平等であったように、イスラム教の時代には「アッラーの下に平等だ」と言っているのです。つまり、イスラム教では、「アッラーの慈悲を信じ、アッラーの下において平等であれ」という教えが説かれているわけです。

それは、当然、その教えを広げることを目的としているでしょうが、それを広げる過程において、罪もない人々を苦しみや嘆《なげ》きのなかに置くことを予定しているわけではありません。

今、世界のテロリストたちが私の講演を聴《き》いているとは思えませんが、私は彼らに、「慎《つつし》み深くありなさい」と言いたいのです。信仰者《しんこうしゃ》であるならば、「自分たちの行動が、どのような影響《えいきょう》を与《あた》え、どのように理解されるのか」ということに対して、慎み深くあってほしいと思います。

「西洋と東洋の違《ちが》い」や「南北問題」を乗り越《こ》えるために

そうした事件で被害《ひがい》を受けてお亡《な》くなりになった多くの人々に対しては、もちろん、冥福《めいふく》を祈《いの》りたい気持ちでいっぱいです。

しかし、同時に、信仰の名の下に命を捨てた若者に対しても、ある種の悲しみと同情を禁じえないのも確かなのです。

それゆえに、私は、今世《こんぜ》、この日本という国に生まれ、「西洋と東洋の違《ちが》い」を乗り越《こ》え、「南北の差」を乗り越えて、唯一《ゆいいつ》なる教えの下、互《たが》いに理解し合えるための土俵《どひょう》の上に「世界」を乗せようとしています。

キリスト教とイスラム教における「十字軍戦争」は、もう結構です。

キリスト教の成立にも、私はかかわりました。天上界《てんじょうかい》から、明らかに、ユダヤの地におけるイエス・キリストを指導しました。

また、その同じ私が、その六百数十年後、サウジアラビアの地において天上界からムハンマドを指導したのです。

私の生み落とした宗教が千年以上も憎《にく》しみを持って戦い続けているのは、見るに堪《た》えません。

ならば、どうするか。それは、彼らに共通の理解の基盤《きばん》をつくること、そして、その教えを説くことです。それが次の目標であってよいはずだと思います。

人は、肌《はだ》の色の違い、言語の違い、民族の違い、宗教の違い、文化様式の違

諸宗教が対立する背景を神の視点から語り、「地球的正義の樹立」を訴えた『正義の法』（幸福の科学出版刊）。

いなどによって、自分と他の者を隔《へだ》てます。

自分と他の人が違うことを認識するのは簡単なことですが、その異なる存在が、実は共に愛されていると知ることは、限りなく難しいことです。

敬虔《けいけん》なクリスチャンであっても、イスラム教を「悪魔《あくま》の教え」だと思い、「イスラム教徒を救うことが大事なので、この宗教は滅《ほろ》ぼしたほうがよい」と考える人もいます。

また、「イエスは十字架《じゅうじか》に架けられ、失敗をした預言者《よげんしゃ》なので、戦いに勝ち、国教を立てたムハンマドこそ、最後にして最大の預言者である」と言いたがるイスラム教徒の気持ちも、分からないわけではありません。

しかし、イエスは、地上でその命を失っても、「復活」により永遠の真理を世界に広げました。

お互いに異なる視角から物事を見ているために間違ったように見えるのかもしれませんが、そうしたことを乗り越え、「根源なる神、本源なる神が、今、何を考え、何を人々に与えようとしているのか」ということを知ってほしいのです。

仏教においても、「慈悲」と「救済」、そして、「信仰の大切さ」が説かれました。その思想の多くは、東洋の土壌《どじょう》や文化的な考え方の基礎《きそ》をつくっているでしょう。

「慈悲」とは、自分と同じものを他の者のなかに見つける「愛の心」です。他の人々のなかにも、神の子としてのダイヤモンドが光っていること、また、仏の子として、努力による「悟《さと》りの道」が用意されていることを、信じることなのです。

これが説けるのは、西洋と東洋を融合《ゆうごう》することのできる、この日本の地においてのみだと、私は考えています。

ですから、この国がしっかりとしたものになり、この国で説かれたる教えが世界の隅々《すみずみ》にまで行き渡《わた》ることを心の底より望んでいます。

「テロ」と「革命」はどこが違《ちが》うのか

また、「慈悲」と「愛」の宗教を信じていながら行われるテロとは別に、「革命」という言葉もあります。「テロ」と「革命」は、ある面では似ていますが、別の面では似ていないところがあります。

その違《ちが》いは何でしょうか。この世において、テロリストといわれる人々の行動の多くは、「復讐《ふくしゅう》の念」「憤《いきどお》りの念」「怒《いか》りの念」などによって支配されています。そして、「リベンジ（報復）として、多くの人々の血を流したい」と思っているのでしょう。

ただ、この考えの底には、「神は生贄《いけにえ》を求める」というような考えが横たわっているように、私には感じられます。

一方、「革命」という言葉も多義的に理解はされていますけれども、革命の本質は「自由の創設」です。その意味で、テロとはまったく違ったものだと私は考えています。

例えば、先般《せんぱん》、香港《ホンコン》で「雨傘《あまがさ》革命（The

2014年、香港では、立候補者を制限する選挙制度への移行に抗議する学生たちが行政府前をはじめ各地の路上を占拠。催涙弾《さいるいだん》に学生が傘をさして対抗したことから「雨傘革命」と呼ばれるようになった。11月下旬には旺角《おうかく》付近で警官隊と学生が衝突し、100人以上が拘束された（写真）。

Umbrella《アンブレラ》 Revolution《レボリューション》)」が起きましたけれども、自由を制約し、人々の言論や政治活動、その他を封《ふう》じようとする力に対し、雨傘をさした若者たちが抵抗《ていこう》の姿勢を示しました。

　しかし、武器において警察に敵《かな》うわけもなく、排除《はいじょ》はされましたけれども、この「雨傘革命」に象徴《しょうちょう》されるものが、ダッカにおいて起きたテロ（二〇一六年七月一日、バングラデシュのレストラン襲撃《しゅうげき》事件）と「革命」の違いなのです。

　革命というのは、「人々を一元的に支配してしまおうとする、あ

2016年7月1日、バングラデシュの首都ダッカの飲食店「ホーリー・アルチザン・ベーカリー」を武装したイスラム教徒が襲撃。人質20人（うち日本人7人）が犠牲となった。

るいは、人々を隷従《れいじゅう》させ奴隷《どれい》にしようと支配する力に対し、自由が花開くことを求めて、人々が立ち上がること」です。この視点を決して忘れてはなりません。

平和的手段で、この世に「自由の創設」を求める「幸福革命」

私たちは「幸福革命」を宣《の》べています。
しかし、私たちの革命は、暴力によって成し遂《と》げられるものではありません。
私たちは、平和的手段を使い、この世に「自由の創設」を求めているものです。
この点をどうか、ご理解いただきたいと思います。
私の言葉は、世界のなかのある特定の国にとっては厳しく感じることもあるでしょうが、私は、天上界の目で地上界を見、極力、フェアに判断を下《くだ》すように努力しています。この点はご了承《りょうしょう》願いたいと思います。

あたかも、今、日本では選挙の季節を迎《むか》えています（第二十四回参議院通常選挙）。

しかし、私は、この場において、深く立ち入るつもりはありません。それは、この世の人間の営《いとな》みの一つですので、さまざまな動きや考え、言論などがあるでしょうし、それによってさまざまな結果が出てくるであろうと思います。

今は、そうしたものに一喜一憂《いっきいちゆう》することなく、永遠不滅《ふめつ》の真理に向け、一歩一歩を進めていくことが大事なのではないかと思っています。

3　「世界的正義」を考える力を

選挙で正論を訴《うった》え続ける幸福実現党、争点から逃《に》げる自民党

現在、この日本においては、大きく分けて二つの勢力が争っていると見られています。

今朝《けさ》の新聞にも、「『改憲勢力』といわれる政党の合計が、今回の参議院議員選挙で三分の二に達するところまで行くのではないか」というように書かれていました（注。選挙の結果、自民、公明、おおさか維新《いしん》の会（現・日本維新の

会〕などの改憲勢力が三分の二を超《こ》え、これにより、衆参両院で憲法改正の発《ほっ》議《ぎ》に必要な要件が整った)。

この法話《ほうわ》を聴《き》いている外国の人々にはその意味するところが分からないかもしれませんが、「投票日四日前という時点において、日本国憲法を改正できる前提条件を満たすかもしれないと予測されるところまで達している」ということを意味しています。

しかし、これから、まだ先行きがどのようになるかということについては、紆余曲折《うよきょくせつ》が待ち受けていることでしょう。

そもそも、言論によって人々を説得するということは、とても難しいことです。人は本当にさまざまな考えを持っており、各人の持っているバックグラウンドによって、いろいろな考え方が出てきます。したがって、完全にすべて間《ま》

沖縄の普天間《ふてんま》基地周辺(左写真)は那覇《なは》市のベッドタウンとして住宅密集地となっており、その意味で、「世界一危険な基地」とも言われ、辺野古《へのこ》への早期移転が求められている。

違《ちが》っているというものは、極《きわ》めて少ないと考えています。

例えば、沖縄《おきなわ》という土地について考えてみましょう。

今、沖縄では反米思想や基地移設反対運動が強くなっています。参議院選においても、そちら側の候補者が非常に有力になってきているとも聞いています。

一方、与党《よとう》・自民党の側から沖縄・北方担当大臣が立候補していますが（島尻安伊子《しまじりあいこ》氏。今回の参院選で落選した）、彼女は、米軍基地の辺《へ》

野古《のこ》移転については一言《ひとこと》も語らず、主婦の立場から「家計を楽にし、生活をよくすることを考えます」と繰《く》り返し訴《うった》えています。

しかし、これでは論点がすれ違ってしまっています。このことについては、幾《いく》つかのマスコミが何度も指摘《してき》しているとおりでしょう。

これに対し、「アメリカとの約束である基地移転については、国際信義上も、日本の将来の国益のためにも、きちんと履行《りこう》すべきだ」と訴えていたのは、幸福実現党の候補者ただ一人でした。本来であれば、この主張をするところが責任政党でなければいけないはずです。

こうした構図は、幾度かの選挙のなかで、繰り返し起きています。

与党である自民党は、選挙になると本音を隠《かく》し、本来の争点とは違うところに話題を持っていきます。そして、人気を取ります。そのため、本当であれば、自民党が打ち出さなければならないはずのなすべき政策を、幸福実現党が訴えることになります。そして、多くの票を集めることができずに落選しますが、結局、多くの票を取って当選した自民党のほうが、幸福実現党の唱えていた政策をやっていくことになるのです。

このようなことが、この七年ほど続いていますが、今回の参院選でも、まだその構図を続けようとしているのではないでしょうか。

今、日本は憲法九条改正問題について議論をすべきとき

ここで指摘したいことが幾つかあります。

その一つは、「国民の目がもう一段冴《さ》えてこなければいけないのではないか」

ということです。

やはり、言論において正論を説き、説得できるかどうかということは、選挙の前の〝洗礼《せんれい》〟としては極めて大事なことだと思います。

選挙で大事なことを語らず、争点とは別のことを語って議席だけを取り、その後、選挙中に訴えていたこととは違うものを法案として通そうとするスタイルは、残念ながら、責任ある態度とは言えません。

「今、参議院における改憲勢力の議席が三分の二に近づこうとしている」ということは、「憲法改正」が次回以降の国会のテーマになってくるということです。

その内容について選挙戦でまったく議論されていないというのは、やはりおかしいのではないでしょうか。この点については、左翼《さよく》系マスコミの言っていることは私も正しいと思います。「逃《に》げたほうが勝ちだ」と思いながらやっている姿は醜《みにく》いものです。

責任政党であるならば、やはり、正々堂々と立ち向かうべきでしょう。そして、「憲法の何を議論するのか」をはっきりと言わなければなりません。

今、すべてを議論することは難しいと思いますが、日本の国としては、まず「憲法九条の改正問題」については避《さ》けて通れないでしょう。その点に関して、意見をはっきりすべきです。

ただ、この「憲法九条問題」については、諸外国の人々は、まだ知らないことも多いかと思います。

今の日本国憲法というものは、先の大戦において日本が敗北したあと、日本を占領《せんりょう》したマッカーサー以下の人々が、一週間余りでつくった英文の憲法草案を中心につくられたものなのです。そのなかの「憲法九条」というのは、日本が二度と武器を持って戦えないようにするためにつくられた条項《じょうこう》です。はっきり言えば、これは、白人がインディアンの武器を奪《うば》ったのと同じようなやり方ではないでしょうか。

しかし、それによって、「戦後七十年間、長らく平和が続いたので、経済に専念することができてよかった」と捉《とら》える風潮を生み、教育でもそれが定説になってきました。

されど、根本的な問題はあると思うのです。

すでに、日本には「自衛隊」という、軍隊と言ってよい組織があります。言葉の遣《つか》い方はいろいろありますけれども、日本国憲法第九条第二項には、「陸海空軍その他の戦力は、これを保持しない。国の交戦権は、これを認めない」と書いてあります。

これでは絶対に戦えません。憲法九条のその精神を忠実に読み取るかぎり、「日本国憲法は非武装中立を理想としている」と言うしかないのです。

「神の正義はどこにあるか」を考える力が必要

では、今、改憲に反対している勢力のなかで、本当に「日本が非武装中立でよい」と思っている人がどれだけいるかというと、非常に少ないと思うのです。建前《たてまえ》上、正面からそれを言うのは、おそらく日本共産党ぐらいでしょう。

民進党であれ、その他の野党であれ、非武装中立までは考えていないはずです。彼らは、おそらく「専守防衛」を考えているのではないでしょうか。

ただ、共産党が「非武装中立」と言っているとしても、それは本心ではありません。彼らが天下を取れば、当然のこと、自衛隊は「共産党軍」になります。「共産党軍」は、共産党の一党独裁を目指すために、他の政党を信奉《しんぽう》する人々を必ず弾圧《だんあつ》します。

したがって、これは議論の対象からはいったん横に置いておくとして、それ以外の改憲に反対している勢力は、主として「専守防衛」を言っていると思われます。

ただ、この「専守防衛」という立場でも構わないのですが、それでも、憲法九条は変えなければなりません。そうしなければ、日本は陸海空軍を持てず、交戦権も持たないからです。つまり、「国としての主権」が認められていないのです。これは、敗戦後のどさくさのなかで、日本が主権を持っていないときに制定された憲法だからです。

そうであるならば、現行憲法に「ここに主権が国民に存することを宣言し」と書いてあるとおり、主権がある日本国民は、一度、勇気を出し、憲法の改定に取り組んでもよいのではないでしょうか。

今、世界には軍隊を持っていない国などありません。「永世中立国」のスイスでさえ、軍隊はしっかり持っています。それは、歴史を学んだことがある者であれば、やはり、否定できないものでしょう。

今、必要なことは、さまざまな事件が起きたとき、さまざまな事態が起きた

永世中立国のスイスは、国民皆兵《かいへい》を国是《こくぜ》とし、他国の軍事介入を決して許さない国防意識が徹底している。20代男性が徴兵されるほか、20万人以上の予備役がいる。写真はスイス軍の主力戦車レオパルト2A4。

ときに、「神の正義はどこにあるか」「世界的な正義はどこにあるか」ということを考える力です。あるいは、それらを考えることができる人間をつくり出していくことです。これが大事です。

アメリカは多くの間違いを犯《おか》したかもしれませんが、常に真剣《しんけん》に「世界的正義とは何か」を考えてきたことも事実でしょう。そのなかの半分ほどは間違った可能性がありますが、考えてはきたはずです。

一方、戦後の日本は、経済的繁栄《はんえい》については求めたけれども、「神の正義」や「悪を押《お》しとどめる」ということに関しては無力であったと認めざるをえません。

4　日本の経済的繁栄《はんえい》のために

アベノミクスの問題点とは何か

現政権（安倍《あべ》政権）は、今、経済的繁栄《はんえい》のほうに話を持っていこうとしています。それも大事なことではありますので、それをあえて「すり替《か》え」とは言いません。二十五年間も経済が発展せず、止まっているこの日本の国を、もう一度、再起動させることや、ほかの国のように二倍、三倍の経済規模になっていなければいけないはずなのに、そうならなかった点を反省し、やり方を変えることなどは、当然のことなので、考えてもよいと思います。

しかし、私には、現政権がまだ有効な手を打てているとは思えないのです。それは、金融《きんゆう》政策に頼《たよ》りすぎているからです。

「日銀からお金を大量に供給すれば、市場にお金が溢《あふ》れ、人々がそれを使うようになるだろう」という発想から金融政策が取られているわけですが、現実には、人々の財布《さいふ》の紐《ひも》は固くなっています。消費が冷え込《こ》んでいます。お金を使わなくなってきています。それは、安心して未来を見ていられないからだと思います。

「未来に経済的繁栄が来る」と思えば、人は手元にある資金を使い、いろいろなことを始めるのですが、まだ、それに成功していません。「マネタリズム」という近代経済学の一手法だけで経済的繁栄を起こすことはできないのです。

●**マネタリズム**　政府の裁量による財政・金融政策の有効性を主張するケインズ的な経済政策を批判し、「自由な市場に経済を委ね、貨幣量の増加率を一定率に固定するにとどめよ」とする政策的立場。アメリカの経済学者であるミルトン・フリードマンに代表される。

やはり、「仕事とは何か」ということを考え、実際に仕事をつくり出していくことが大事です。そして、よく働くことにより、賃金が上がり、GDPが増えていくことが極《きわ》めて大事なことだと言えます。

そういう実体経済というものを常に念頭に置いておかなければいけないと、私は思うのです。ここにも、やはり、一つ欠けている視点があるように思えてなりません。

金融《きんゆう》機関に対する信用を取り戻《もど》す必要がある

経済における、安倍政権のもう一つのウィークポイントは何でしょうか。

「アベノミクス」といわれているもののなかには、「円安・株高誘導《ゆうどう》」があります。しかし、この円安誘導によって、国際収支での赤字がかなりかさんでいます。円安だと外国から買うものが高くなるため、輸出企業《きぎょう》には有利であるものの、その恩恵《おんけい》を受けるのは十パーセント程度の企業のみです。

そして、政府は「株高」を演出しています。「資金を大量に供給すれば、お金の使い途《みち》がないから株を買うだろう」と見ているわけです。

しかし、いちばんのポイントは、たとえ、日経平均株価が二万円になったとしても、それだけで景気がよくなるわけではないということなのです。

金融《きんゆう》機関の株価が上がらなければ、人々のところに資金は行き渡《わた》らず、事業資金は回りません。安倍政権下においては平均株価は上がっていても、残念ながら、金融機関の信用は取り戻《もど》していないのです。ここが大きなウィークポイントです。

一九九〇年代に、銀行は、「グローバリズム」「グローバリゼーション」という言葉の下《もと》に、「自己資本を充実《じゅうじつ》し、不良債権《さいけん》を引き揚《あ》げろ」と命令をされ、突如《とつじょ》、〝貸し剝《は》がし〟をしたのです。「融資した金を返せ」と、各中小企業に言って回って資金を回収したために、次々と会社が倒産《とうさん》したり、あるいは、社長自身が会社を潰《つぶ》したり、自殺したりするようなことも数多く起きました。

今はまだその〝後遺症《こういしょう》〟から立ち直っていないのです。そのため、銀行から「お金を貸しましょう」と言われても信用できないし、銀行自体も、自分たちのことでさえ、いつどうなるか、信じられないでいるのです。

したがって、まず、金融機関にもっと信用をつけなければなりません。その法則を編み出さなければ、次の道は開けないのです。

金融機関に信用があれば、そこからの融資は力強いものになります。そして、日本列島を再び改造するだけの力が出てきます。また、新幹線だけでなく、リニアモーターカーやその他の交通機関を通すこともできるでしょう。さらに、幸福実現党が訴《うった》えているように、リニアモーターカーを、北海道から、シベリア、モスクワ、ロンドン、そして、ヨーロッパの国々へと通すような巨大《きょだい》な構想であっても、やろうと思えばできます。

しかし、ひとり日銀が奮闘《ふんとう》しても、そうしたことは実現できないのです。そのようになるためには、金融機関に信用がなければいけません。それを編み出すことが次のステップです。

アベノミクスに付け加えるとすれば、次のステッ

2016年12月の日ロ首脳会談に先立ち、経済協力の一環として、ロシア側はシベリア鉄道の北海道延伸を要望。ロシアの極東に位置するハバロフスク駅(上写真)からサハリンを経由して北海道まで通す構想が掲げられている。

プはここでしょう。ここを攻《せ》めなければ、いくら資金を供給しても、人々は絶対に消費には入りません。この一点を注意しておきます。

このようなことを述べると、「宗教家であるにもかかわらず、経済の細《こま》かいことにまで口を出すとは、何事だ」と言う人もいるかもしれません。ただ、私は、二十代のときに金融業界におけるプロフェッショナルだったため、まだ〝解脱《げだつ》〟しかねているのです。

ですから、多少は〝余計なこと〟を述べることもありますが、宗教を信じている者として、多少、〝道に外れたご利益《りやく》〟が出てきてもしかたがないと思い、述べています。

要するに、こういうことを理解していなければ経済もよくなりません。そのことは知っておいてください。

5　真に国を護《まも》るために

七年前から国防の危機を警告していた幸福実現党

「国防の問題」については、二〇〇九年の幸福実現党立党のときにも強く訴《うった》えましたが、あの時点で、北朝鮮《きたちょうせん》の危険度について強く言い、それから、習近《しゅうきん》平《ぺい》氏が登場する以前から、中国の未来において覇権《はけん》主義が強くなるということを強く警告していたところは、幸福実現党以外にはなかったはずです。

今、立党からの七年間を振《ふ》り返ると、私たちが訴えてきたことはまったく外れていなかったことがよく分かります。

そのように、「今後、こういうふうになっていく」ということを知った上で、早め早めに物事を訴えているのです。なぜなら、国論が変わるまでには、五年、十年、二十年とかかることが多く、早く言わなければ間に合わなくなるからです。ですから、早めに述べているのです。その意味では、「現代の予言者としての使命も果たしている」と考えています。

先ほど述べたように、沖縄《おきなわ》の人々が、「これでは、アメリカにずっと支配されていて、植民地のようで嫌《いや》だ。だから、早く独立したい。そのためにも米軍基地は出ていってほしい」というような気持ちを持つのも分かります。かつて、沖縄はアメリカに占領《せんりょう》されていましたし、沖縄が本土に返還《へんかん》されたのは今から四十年余り前のことです。そのころは、日本のほかの地域の人々はもうとっくに復興を終えたあとでしたので、その気持ちが分からないわけではありません。

しかし、米軍基地やアメリカ海兵隊が撤退《てったい》するということは、同時に、韓国《かんこく》や香港《ホンコン》、台湾《たいわん》の危機を招き寄せることにもなります。そして、フィリピンやベトナム、その他の国々にとっても、大きな危機を招くことにもなりかねません。

もし、米軍に即時《そくじ》撤退を求めるのであれば、日本は、アラビア半島から石油が入ってこなくなる可能性も考えておかなければいけないのです。なぜなら、そのシーレーン（海上交通路）のなかには台湾近辺の海があり、ここをタンカーが通れなくなるからです。

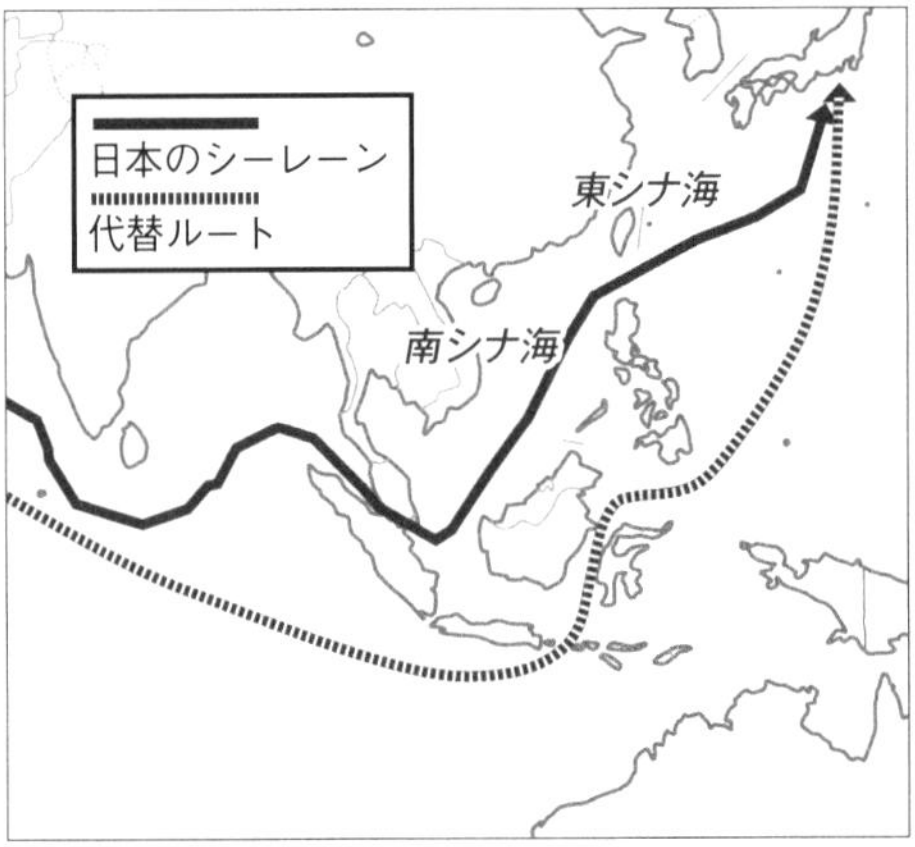

中東から原油を積んだタンカー等の大部分が往来するシーレーン（上図実線部分）。その経路には南シナ海や東シナ海が含まれており、東南アジア情勢が危機に陥り、代替ルート（点線部分）で大きく迂回せざるをえない場合には、日本に深刻な影響を及ぼす恐れがある。

平和を求めたければ、エネルギーの供給源を止めてはならない

もし、海外から石油が一滴《てき》も入ってこなくなったら、どうなるのでしょうか。

これは、先の第二次大戦の発端《ほったん》とまったく同じ状態ではありませんか。

石油が入らなくなったらどうしますか。やはり、戦わざるをえなくなります。

そのように追い込《こ》まれてしまうのです。

ですから、平和を求めたければ、エネルギーの供給源を止めてはなりません。

ときどき、核《かく》エネルギーの発電所が危険視され、いろいろなことが言われていますが、四十万年に一回起きるかどうか分からないような「断層のずれ」のために、私たちは目先の戦争を起こすわけにはいかないのです。

断層の位置がほんの十メートルほどずれればよいことなので、ずらそうと思えば、みなさんの信仰心《しんこうしん》で、少しぐらいは可能です（会場笑）。

ですから、地震《じしん》学者や地質学者が言うようなことは、あまり信頼《しんらい》しないほうがよいと思います。彼らの言うことは、今まで当たったためしがありません。それよりは、私の言っていることのほうがはるかに「的中率が高い」ので、それを信じてほしいのです。

また、沖縄の人々にもお伝えしておきたいことがあります。

米軍に対し、「これでは沖縄が植民地状態のままなので、米軍基地は出ていってほしい」と主張するのであれば、やはり、「核エネルギーを温存《おんぞん》しておかないと独立を保てない」ということです。そのことを知っておかなければいけません。

今の日本は、太陽光発電だけではもたないのです。それは、供給量に問題があるだけでなく、空爆《くうばく》に非常に弱い体質を持っているからです。そういう問題があります。

さらに、米軍に沖縄から撤退してもらうには、憲法九条を改正し、「国防軍」を持たないかぎり、それは無理です。

ですから、沖縄の人々が訴えていることと、望んでいることは、あまり合っていないわけです。

日本が自分の力でこの国を護《まも》れるならば、米軍に撤退してもらっても構いません。

その事態は、もしかすると、アメリカの大統領が替《か》わることにより、来年（二〇一七年）にでも起きるかもしれません。そのことを考えると、あまり悠《ゆう》長《ちょう》なことは言っていられないと、私は思っています。

次の覇《は》権《けん》戦争として「中国 対 アメリカ」の戦いが迫《せま》っている

私は、いたずらに北朝鮮や中国を敵視するつもりはありません。ただ、客観的に彼らの行動を見るかぎり、残念ながら、同じテーブルについて話ができるようなレベルだとは思えないのです。

今、考えられるのは、おそらく、アメリカとソ連の冷戦が終わったあとの覇《は》権《けん》戦争として、「中国 対 アメリカ」の戦いが迫《せま》っているということだと思います。

アメリカは、今、「孤立《こりつ》主義」のほうへ向かっていこうとしています。これは、ヒラリー・クリントン氏が大統領になろうとも、ドナルド・トランプ氏が大統領になろうとも、おそらく同じです。アメリカは、自国中心に物事を考え、経済を立て直し、軍事的には、各国から撤退をし、同盟国に「自分の国は自分で護れ」と言うはずです。その時期は近づいています。

したがって、日本も考え方を変えていかなければいけないのです。

もちろん、「与党《よとう》」「野党」といった立場の違《ちが》いはあるでしょうが、実際のところ、専守防衛でも構いませんし、それに加えて、「アジアの同胞《どうほう》を護るかどうか」という問題はあるものの、「国を護る」という点については、徹底《てってい》的に反対している人はいないはずなのです。

もし、「立憲主義」という言葉に従って、憲法九条の条文をそのまま厳格に考え、「憲法が定めているのだから、軍隊は存在しないし、交戦権もない。だから、いくら法律をつくったとしても、そのようなものは無効であり、戦えないのだ」ということになると、北朝鮮なり、中国なり、その他の国なりが、日本を攻《せ》めてくるかもしれません。「沖縄は自分の国の固有の領土だ」と主張しているような国もあるわけですから、もし、そのようなことになった場合には、どうするのでしょうか。

先ほど、テロの話も述べましたけれども、日本が無血《むけつ》のまま外国の軍隊に占領されたら、私であっても、やはり、竹槍《たけやり》を持って立ち向かうかもしれません。私がそういうことをしてもほぼ無力だとは思いますが、それでも、竹槍を持ち、戦車のキャタピラに突《つ》っ込むぐらいのことはするかもしれません。

もし、彼らが口実として、「かつて南京大虐殺《ナンキンだいぎゃくさつ》で三十万人の中国人が殺されたので、日本人を無差別に三十万人殺す」、あるいは、「かつて従軍慰安婦《じゅうぐんいあんふ》が二十万人も存在したので、日本人の妻や娘《むすめ》たちを二十万人、従軍慰安婦にする」と主張するのであれば、私でも、竹槍を持って立ち向かう可能性はあると思います。

実際上、私などは大して役に立たないとは思いますが、剣道《けんどう》をしていたことがあるので、竹刀《しない》で頭をコツンと打ってたんこぶをつくるぐらいのことはできるかもしれません。ただ、これではテロよりも弱い力しかないのです。

もちろん、日本には国会があるので、その戦いが、「正義の戦いかどうか」「防衛のための戦いかどうか」「国際的に認められる戦いかどうか」ということは、当然、公《おおやけ》の場で議論されるべきだとは思います。しかし、最低限の自衛ができるラインは護っておかなければいけないと、私は考えます。

6 「第五権力」としての宗教の使命

マスコミよ、国民の主権を侵《おか》すなかれ

結局、幸福実現党が主張していることは、すべて「正論」なのです。

しかし、日本のマスコミは、それを簡単には認めません。なぜなのでしょうか。

現代の国家には、「立法・行政・司法」という三権があり、各々《おのおの》が分立したかたちをとっていますが、これに続く第四権力として、「マスコミ権力」とい

うものがあるとも言われています。実は、これが〝事実上の第一権力〟になっているのです。

今日は七月六日ですが、実際の投票日は七月十日です。そうであるにもかかわらず、新聞や週刊誌などを見ると、「どこの党が何議席取るか」という予測がすでに書いてあったのです。有権者のほとんどがまだ投票に行っていない段階であるのに、どうして結論が出るのでしょうか。私には不思議でなりません。投票に行くかどうかも分かりませんし、行ったとしても、その場で名前を見て誰《だれ》を書くかはそのときに閃《ひらめ》くことも多いものですので、まだ分からないはずです。

この「投票の秘密」は各人に委《ゆだ》ねられているにもかかわらず、なぜ、四日前に議席が決まるのでしょうか。私には、それが不思議でしかたがないのです。

2016年東京都知事選挙でのマスコミ偏向報道の例

「2016年東京都知事選挙」期間中の7月18日から22日にかけ、報道番組での各候補者の放送時間を幸福実現党が集計。民放では、全21候補中、「主要3候補」以外はほとんど報道されていないことが判明した。(下表：幸福実現党HPから)

「主要3候補」でない18人の放送時間は3%(NHK除く)

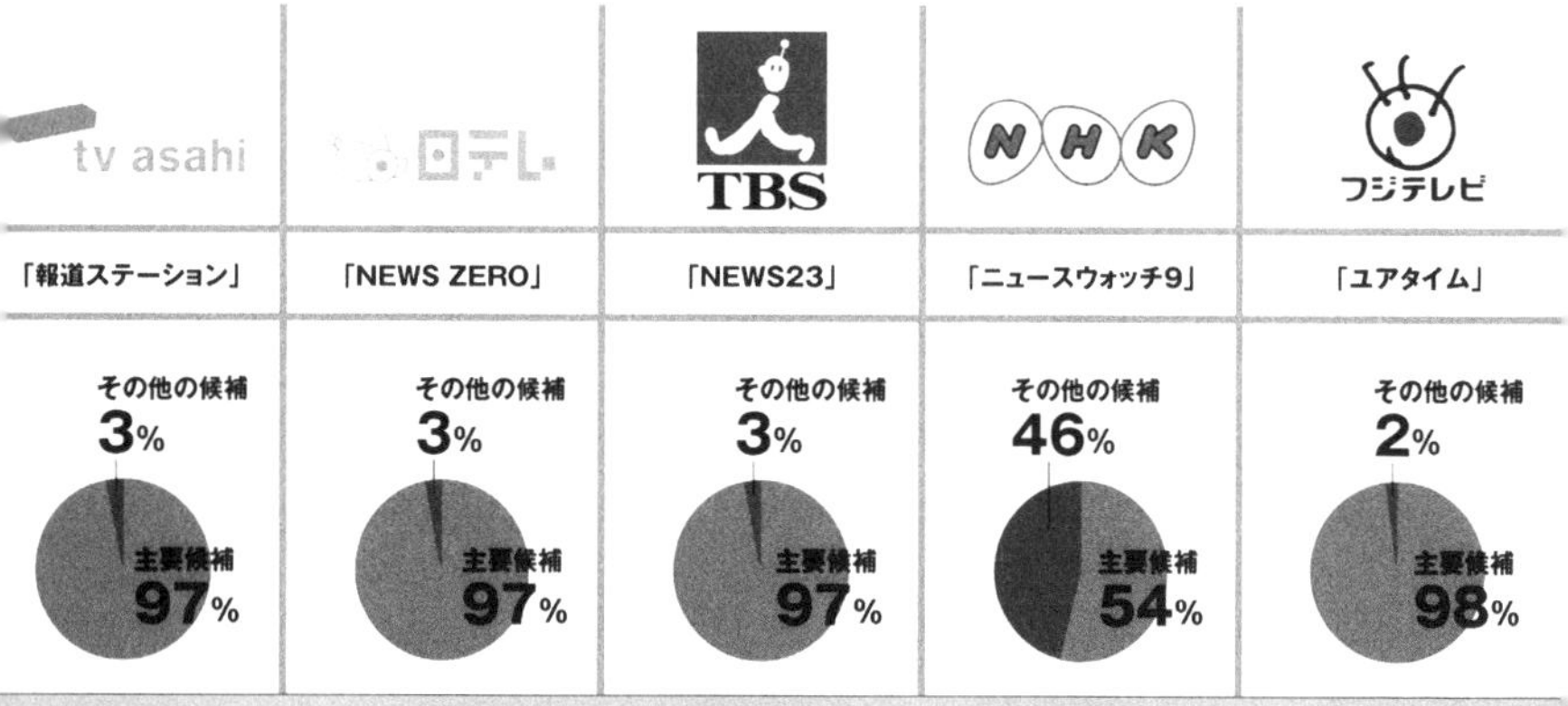

(上写真：7月29日、日本外国特派員協会会見にて)

偏向報道の調査結果を幸福実現党候補・七海ひろこ氏が7月23日の公益社団法人「自由報道協会」主催の共同記者会見の場で報告。26日には候補者有志が放送倫理・番組向上機構と民放4社に対し報道是正の要望書を提出した。それを受け、27日以降、「報道ステーション」「NEWS ZERO」「NEWS23」等では他の18候補も一部紹介し始めたものの、格差是正にはいまだほど遠い状況。

マスコミは、「世論《せろん》調査をし、その情報で判断しているので、国民の代弁をしている」と言うでしょう。確かにそういう面はあると思います。

しかし、国民の代弁をしているのであれば、どのマスコミが調査をしても、だいたい同じにならなければいけないはずです。しかし、マスコミによって意見がはっきりと違《ちが》っています。

これでは、マスコミが国民の意見を代弁しているというより、「マスコミの経営者が、自分たちの判断に合う方向に誘導《ゆうどう》している」と言わざるをえないと思います。

ゆえに、私はマスコミに対して訴《うった》えたいのです。「国民の主権を侵《おか》すなかれ」と。

投票日当日に蓋《ふた》を開けるまでは、誰に投票したかは分からないはずです。それを、何日も前に結果が出たかのように言うのは、ほどほどにしてください。これは「誘導」ではないでしょうか。

この事実上の第一権力となった「マスコミ権力」というのは、実は、憲法上に規定のない権力なのです。

日本国憲法では、「表現の自由」「言論の自由」「出版の自由」が認められていますが、これらは、ほかの会社やみなさん個人に対しても、すべてに認められている自由なのです。「マスコミ権」というような特別なものは制定されていないのです。

「神の正義」を樹立し、「宗教立国」を

今、私が伝えたいことは、「この国に正義を打ち立てるためには、『第五権力』としての宗教が聖なる使命を果たさなければならない」ということです。

信仰《しんこう》のないマスコミ人が「善悪を決められる」と思うのは、傲慢《ごうまん》です。

世界正義を樹立し、人々に善悪を教えるものは、正しい宗教です。

今、日本には、正しい宗教政党が必要です。

そして、この正しい宗教政党が、世界の正しい宗教と手を結ぶことにより、全世界に「自由の創設」という意味での革命を起こせるのです。

マスコミの「誘導調査」によれば、まだ私たちの勢力はなかなか議席を取れ

ないあたりにいるそうです。私に対してはそのような電話調査がかかってきたことはないので知りませんが、彼らが電話をかけたところによれば、そういうことのようです。ただ、私に訊《き》いてきた人はいません。出口調査も私は一度も受けたことがないので、実際にそのようなことをしているのかどうかも知りませんが、どこかでは行われているのでしょう。

ただ、マスコミが、自分たちの思ったとおりに誘導できたからといって、それで国民主権や民主主義が護《まも》れていると思っているのであれば、大きな間違いです。それに対して、国民は黙《だま》っていません。

神の正義を樹立し、真なる宗教立国を行うまで、私たちの戦いは終わらないのです。

7　壁《かべ》が破れる日は近い

二十一世紀を率《ひき》いる若者たちよ。
どうか、私たちのあとに続いてください！
みなさんに期待しています。
もうすぐ壁《かべ》は破れます。
今後、二十年も三十年もかかるとは思っていません。
壁は必ず破れます。
間違《まちが》いありません。

山を打ち抜《ぬ》くとき、トンネル工事は必要です。
トンネル工事をしているとき、
それを掘《ほ》っている人々には、
自分たちの仕事が値打ちを生んでいるかどうかは分かりません。
無駄《むだ》な仕事をしているようにも見えます。
しかし、山を打ち抜き、トンネルが通ったときには、
それまでの無駄だと思われた努力が、すべて「光」になるのです。
いつか、必ず、その日が到来《とうらい》し、
みなさんの前で、再び「勝利の宣言」ができる日を
楽しみにしています。
全国、全世界のみなさん、

この二千五百回目の説法《せっぽう》から数えて何回目に、その「勝利の宣言」ができるでしょうか。

私は、その日が来ることを強く希望しています（会場拍手《はくしゅ》）。

あとがき

地球レベルでの「正義」を語り始めたということは、私の仕事も、最終目標に向けて着実に進んでいるということだろう。

先般、十月二日のニューヨークでの英語講演会、“Freedom, Justice, and Happiness”（『自由、正義、そして幸福』）をタイムズスクエアのホテルで開催した。それに先立って八週連続で、『フォックス・テレビ』という日本でいえばフジテレビか日本テレビに相当する有力チャンネルで、幸福の科学の紹介と私の講演内容が日曜日の午前中の礼拝時間帯に流れた（各三十分間）。反響は大きかったようだ。

日本では地方局六～七局と、日刊ゲンダイやスポーツ紙、地方紙で何紙かが私の講演内容を伝えてくれるが、まだアメリカほど開けているとはいえない。ただ私の思想がアメリカ大統領選にまで影響を及ぼしていることは確実だ。

一人でも多くの人が、日本に降《お》りている「地球を救う光」、「地球を救う正義」に気づいてくれることを願う。日本と世界が進むべき未来。いくつもの難問を解決する道は、すでに示されているのである。

二〇一六年　十月二十八日

幸福《こうふく》の科学《かがく》グループ創始者兼総裁《そうししゃけんそうさい》　大川隆法《おおかわりゅうほう》

『地球を救う正義とは何か』大川隆法著作関連書籍

『正義の法』（幸福の科学出版刊）
『現代の正義論』（同右）
『世界を導く日本の正義』（同右）
『正義と繁栄』（同右）
『未来へのイノベーション』（同右）
『国際政治学の現在』（大川隆法・大川裕太 共著　幸福の科学出版刊）

地球《ちきゅう》を救《すく》う正義《せいぎ》とは何《なに》か
──日本と世界が進むべき未来──

2016年11月10日　初版第１刷

著　者　　大川《おおかわ》隆法《りゅうほう》

発行所　　幸福の科学出版株式会社
〒107-0052 東京都港区赤坂２丁目10番14号
TEL(03)5573-7700
http://www.irhpress.co.jp/
印刷・製本　株式会社 堀内印刷所

落丁・乱丁本はおとりかえいたします

ISBN978-4-86395-853-1 C0030
カバー写真：時事／dpa/時事通信フォト／AA/時事通信フォト
本文写真：David Scull／時事／AA/時事通信フォト／AFP＝時事
Pasu Au Yeung／Sonata／Glucke

大川隆法ベストセラーズ・国際政治・外交を考える

国際政治学の現在《いま》

世界潮流の分析と予測

大川隆法　大川裕太　共著

核なき世界は実現できるのか？ 中国の軍拡やイスラム国のテロにどう立ち向かうべきか？ 国際政治学の最新トピックスの「核心」を鋭く分析。

1,500円

国際政治を見る眼

世界秩序《ワールド・オーダー》の新基準とは何か

日韓関係、香港民主化デモ、深刻化する「イスラム国」問題など、国際政治の論点に対して、地球的正義の観点から「未来への指針」を示す。

1,500円

自由の革命

日本の国家戦略と世界情勢のゆくえ

「集団的自衛権」は是か非か！？ 混迷する国際社会と予断を許さないアジア情勢。今、日本がとるべき国家戦略を緊急提言！

1,500円

大川隆法ベストセラーズ・宗教立国を目指して

日本建国の原点
この国に誇りと自信を

二千年以上もつづく統一国家を育んできた神々の思いとは——。著者が日本神道・縁《ゆかり》の地で語った「日本の誇り」と「愛国心」がこの一冊に。

1,800円

政治革命家・大川隆法
幸福実現党の父

未来が見える。嘘をつかない。タブーに挑戦する——。政治の問題を鋭く指摘し、具体的な打開策を唱える幸福実現党の魅力が分かる万人必読の書。

1,400円

政治と宗教の大統合
今こそ、「新しい国づくり」を

国家の危機が迫るなか、全国民に向けて、日本人の精神構造を変える「根本的な国づくり」の必要性を訴える書。

1,800円

※表示価格は本体価格（税別）です。

大川隆法シリーズ・最新刊

蓮如の霊言
宗教マーケティングとは何か

卓越した組織力と、類まれなる経営戦略——。小さかった浄土真宗を一代で百万人規模に発展させた"経営術"の真髄を、あの世から特別指南。

1,400円

ヘンリー・キッシンジャー博士
7つの近未来予言

英語霊言 日本語訳付き

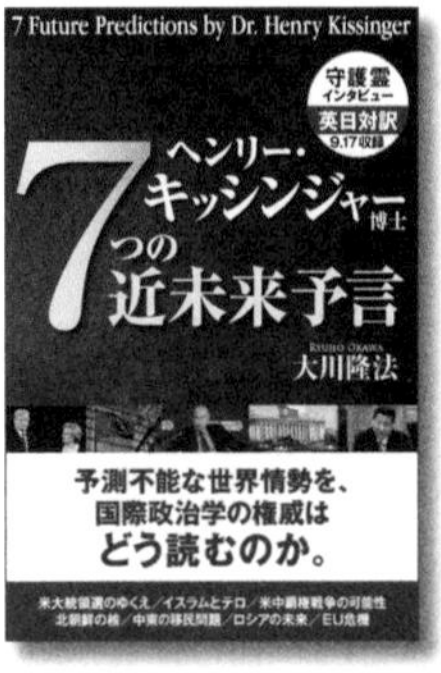

米大統領選、北朝鮮の核、米中覇権戦争、イスラム問題、EU危機など、いま世界が抱える7つの問題に対し、国際政治学の権威が大胆に予測!

1,500円

大川咲也加の文学のすすめ
~世界文学編~(上)

大川咲也加 著

文学のなかには「人生の真実」がある——。ヘッセ、ヘミングウェイ、ジッド、トルストイなどの12作品を紹介。5つの未公開「新霊言」も収録!

1,400円

幸福の科学グループのご案内

宗教、教育、政治、出版などの活動を通じて、地球的ユートピアの実現を目指しています。

幸福の科学

一九八六年に立宗。信仰の対象は、地球系霊団の最高大霊、主エル・カンターレ。世界百カ国以上の国々に信者を持ち、全人類救済という尊い使命のもと、信者は、「愛」と「悟り」と「ユートピア建設」の教えの実践、伝道に励んでいます。

（二〇一六年十一月現在）

幸福の科学の「愛」とは、与える

愛

愛です。これは、仏教の慈悲《じひ》や布施《ふせ》の精神と同じことです。信者は、仏法真理をお伝えすることを通して、多くの方に幸福な人生を送っていただくための活動に励んでいます。

悟り

「悟り」とは、自らが仏の子であることを知るということです。教学《きょうがく》や精神統一によって心を磨き、智慧《ちえ》を得て悩みを解決すると共に、天使・菩薩《ぼさつ》の境地を目指し、より多くの人を救える力を身につけていきます。

ユートピア建設

私たち人間は、地上に理想世界を建設するという尊い使命を持って生まれてきています。社会の悪を押しとどめ、善を推し進めるために、信者はさまざまな活動に積極的に参加しています。

国内外の世界で貧困や災害、心の病で苦しんでいる人々に対しては、現地メンバーや支援団体と連携して、物心両面にわたり、あらゆる手段で手を差し伸べています。

年間約３万人の自殺者を減らすため、全国各地で街頭キャンペーンを展開しています。

公式サイト **www.withyou-hs.net**

ヘレン・ケラーを理想として活動する、ハンディキャップを持つ方とボランティアの会です。視聴覚障害者、肢体不自由な方々に仏法真理を学んでいただくための、さまざまなサポートをしています。

公式サイト **www.helen-hs.net**

INFORMATION

お近くの精舎・支部・拠点など、お問い合わせは、こちらまで！

幸福の科学サービスセンター

TEL. 03-5793-1727（受付時間 火〜金：10〜20時／土・日・祝日：10〜18時）

幸福の科学 公式サイト **happy-science.jp**

幸福の科学グループの教育・人材養成事業

HSU ハッピー・サイエンス・ユニバーシティ

Happy Science University

ハッピー・サイエンス・ユニバーシティとは

ハッピー・サイエンス・ユニバーシティ(HSU)は、大川隆法総裁が設立された「現代の松下村塾」であり、「日本発の本格私学」です。

建学の精神として「幸福の探究と新文明の創造」を掲げ、チャレンジ精神にあふれ、新時代を切り拓く人材の輩出を目指します。

学部のご案内

人間幸福学部

人間学を学び、新時代を切り拓くリーダーとなる

経営成功学部

企業や国家の繁栄を実現する、起業家精神あふれる人材となる

未来産業学部

新文明の源流を創造するチャレンジャーとなる

未来創造学部

2016年4月開設

時代を変え、未来を創る主役となる

政治家やジャーナリスト、ライター、俳優・タレントなどのスター、映画監督・脚本家などのクリエーター人材を育てます。※

※キャンパスは東京がメインとなり、2年制の短期特進課程も新設します(4年制の1年次は千葉です)。2017年3月までは、赤坂「ユートピア活動推進館」、2017年4月より東京都江東区(東西線東陽町駅近く)の新校舎「HSU未来創造・東京キャンパス」がキャンパスとなります。

住所 〒299-4325 千葉県長生郡長生村一松丙 4427-1
TEL.0475-32-7770

教育

学校法人 幸福の科学学園

学校法人 幸福の科学学園は、幸福の科学の教育理念のもとにつくられた教育機関です。人間にとって最も大切な宗教教育の導入を通じて精神性を高めながら、ユートピア建設に貢献する人材輩出を目指しています。

幸福の科学学園

中学校・高等学校（那須本校）
2010年4月開校・栃木県那須郡（男女共学・全寮制）
TEL 0287-75-7777
公式サイト happy-science.ac.jp

関西中学校・高等学校（関西校）
2013年4月開校・滋賀県大津市（男女共学・寮及び通学）
TEL 077-573-7774
公式サイト kansai.happy-science.ac.jp

仏法真理塾「サクセスNo.1」 TEL 03-5750-0747（東京本校）
小・中・高校生が、信仰教育を基礎にしながら、「勉強も『心の修行』」と考えて学んでいます。

不登校児支援スクール「ネバー・マインド」 TEL 03-5750-1741
心の面からのアプローチを重視して、不登校の子供たちを支援しています。
また、障害児支援の**「ユー・アー・エンゼル!」運動**も行っています。

エンゼルプランV TEL 03-5750-0757
幼少時からの心の教育を大切にして、信仰をベースにした幼児教育を行っています。

シニア・プラン21 TEL 03-6384-0778
希望に満ちた生涯現役人生のために、年齢を問わず、多くの方が学んでいます。

NPO活動支援

学校からのいじめ追放を目指し、さまざまな社会提言をしています。また、各地でのシンポジウムや学校への啓発ポスター掲示等に取り組む一般財団法人「いじめから子供を守ろうネットワーク」を支援しています。

公式サイト mamoro.org
相談窓口 TEL.03-5719-2170
ブログ blog.mamoro.org

政治

幸福実現党

内憂外患《ないゆうがいかん》の国難に立ち向かうべく、二〇〇九年五月に幸福実現党を立党しました。創立者である大川隆法党総裁の精神的指導のもと、宗教だけでは解決できない問題に取り組み、幸福を具体化するための力になっています。

幸福実現党 釈量子サイト
shaku-ryoko.net

Twitter
釈量子@shakuryoko
で検索

党の機関紙
「幸福実現NEWS」

幸福実現党 党員募集中

あなたも幸福を実現する政治に参画しませんか。

○幸福実現党の理念と綱領、政策に賛同する18歳以上の方なら、どなたでも党員になることができます。

○党員の期間は、党費（年額 一般党員5千円、学生党員2千円）を入金された日から1年間となります。

党員になると

党員限定の機関紙が送付されます。
（学生党員の方にはメールにてお送りします）
申込書は、下記、幸福実現党公式サイトでダウンロードできます。

住所：〒107-0052
東京都港区赤坂2-10-8 6階
幸福実現党本部

TEL 03-6441-0754
FAX 03-6441-0764
公式サイト hr-party.jp
若者向け政治サイト truthyouth.jp

出版メディア事業

幸福の科学出版

大川隆法総裁の仏法真理の書を中心に、ビジネス、自己啓発、小説など、さまざまなジャンルの書籍・雑誌を出版しています。他にも、映画事業、文学・学術発展のための振興事業、テレビ・ラジオ番組の提供など、幸福の科学文化を広げる事業を行っています。

アー・ユー・ハッピー?
are-you-happy.com

ザ・リバティ
the-liberty.com

幸福の科学出版
TEL **03-5573-7700**
公式サイト **irhpress.co.jp**

THE FACT
ザ・ファクト
マスコミが報道しない
「事実」を世界に伝える
ネット・オピニオン番組

Youtubeにて
随時好評配信中!

ザ・ファクト　検索

NEW STAR PRODUCTION

ニュースター・プロダクション

ニュースター・プロダクション(株)は、新時代の〝美しさ〟を創造する芸能プロダクションです。二〇一六年三月には、ニュースター・プロダクション製作映画「天使に〝アイム・ファイン〟」を公開しました。

公式サイト
newstar-pro.com

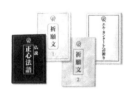